善良練習

The Kindness Cure：How the Science of Compassion Can Heal Your Heart and Your World

臨床心理學家 Tara Cousineau 塔拉・庫辛奈／著
連婉婷／譯

發揮善的感染力，療癒紛亂的世界

前言

「媽，我有事要告訴妳，但是我希望妳發表言論前，先聽我講完。」

當一個十七歲的女兒像這樣開啟對話時，哪個父母不會做好最壞的心理準備？可能她出了車禍、被約會強暴……又或是懷孕了。

我屏住呼吸，等她再次開口。

蘇菲解釋，前一天晚上，她遭到另一名女孩赤手空拳的攻擊。我的女兒讓我看了她胸部和背部深深的指甲抓痕，我嚇得倒退好幾步。

她的男友拍了一張她鼻子流血的照片，我拒看，因為我不想讓那畫面印在我的腦海中。

「妳現在還好嗎？」我柔聲詢問。

「沒事。」

「妳會不會從今以後都有陰影？」

「不會吧。」

「為什麼那個女孩要攻擊妳？」

「可能是有什麼舊仇……出於嫉妒，又或是想向我示威吧。」

我有股衝動，想衝到那女孩家破門而入，讓對方媽媽也嘗嘗這種驚嚇的滋味。

然而，蘇菲的選擇更高尚：她對那名女孩和她的生活狀況充滿同情心——展現出遠超於我的優雅和肚量。

身為一名幾乎終日與女性一起工作逾二十年的臨床心理學家，我對於女孩可以卑鄙到什麼程度，可說是瞭若指掌。

蘇菲沒有期望對方道歉，而且那女孩也從未提出道歉，一切都不了了之。但是這個衝突真的使我無法忍受，實在太差勁了。

此次事件，激發我去進行深度的研究，在面對各種卑鄙刻薄的對待時，要如何實踐自己的正念和同理心。

但是在具有爭議的美國總統大選期間，從我們的世界現況來看，這一切似乎很難做到：政治抹黑甚囂塵上，小孩子們開始變得焦慮或好鬥，公開嘲笑移民者和殘疾人士，霸凌現象正在擴增，對驅逐出境的恐懼也在增加。納粹的卍字記號被塗鴉在我們當地的中學，我們的大屠殺紀念館被褻瀆，關於婦女和女童待遇的描述使我們許多人感到恐懼。

此外，層出不窮的暴行，擴大了人們對世界的擔憂：難民危機、無處不在的恐怖攻擊、大規模公開槍擊、年輕黑人不斷被警察殺死、暴動、報復行為……

這些都不會帶來團結或凝聚力，而是在我們之間造成更多的分裂和疏離。

然而，我還是被女兒們正在聽席琳娜．戈梅茲（Selena Gomez）的歌曲《以慈伺敵》（*Kill 'Em with Kindness*）引起了共鳴。這首歌及時出現，讓我可以繼續向前。

善良成為我在家裡、同事以及客戶之間對話的主題。

有一個問題不斷地反覆出現：我們的良知怎麼了？

儘管歷史學家堅信我們生活在更無暴力、更民主的環境中，這個世界感覺起來仍像是個尖銳、不友善的地方，一切似乎都支離破碎。同理心、尊重和基本禮貌變得越來越罕見。

顯而易見地，在這樣的環境下，你很難發自內心地展現慷慨與肚量。然而，我後來了解到，當你明白自己擁有行善的力量時，就會覺得展現善良沒那麼困難。**當面對任何威脅到你的事物時，無論是政治上、人際上或者生活上的衝擊，你都可以藉由善良「消除」恐懼。因此，我產生了寫這本書的想法。**

我開始邀請人們分享關於善良的反饋和故事。

我會問：「你認為自己是個好人嗎？為什麼這麼認為？」人們不是快速地回應：「哦，相信我，我不是個好人。」就是被問倒：「天哪，我真的必須想一想這個問題。」

請注意，很多人想到的善事有：因為孕婦的班機被取消而讓出機位；計程車司機借錢給錢包不見的人；一張出乎意料的感謝卡；留在門口的水仙花……但是有一半的時間，人們必須停下來花點時間思考什麼是善良。

顯然，我們常常要很努力才能「捕捉」到善的蹤影，彷彿它藏在角落，必須刻意搜尋才能發現。

對善良的恐懼

我們好像得了「善良恐懼症」似的，害怕當一個好人、害怕承認自己的善良、無法相信貌似友善的人，甚至不敢相信善意會發生。

這是怎麼回事？

日新月異的科技，是否太容易讓我們失去彼此的內心聯繫，盲目地迷戀自我與他人不同的獨特性，以至於「冷漠到近乎殘酷」的心態被視為正常？

我們是否覺得世界非常不安全，以致於過度保護自己？

若真是如此，我們是否回到了只把善良保留給我們的孩子、親密的家人和朋友的生存心態？

我們是否已將個人成功和幸福等價值凌駕於他人的福祉，導致寬恕之道逐漸成為絕響？

我們是否希望他人友善，但自己卻做不到？又或者我們只是將每天遇到的善意視為理所當然？

以上皆是。

這些問題在歷史上都曾出現過，不同的時代有不同的結果。心理分析師亞當・菲利普斯（Adam Phillips）和歷史學家芭芭拉・泰勒（Barbara Taylor）寫道：「善良永遠是冒險的，因為你會對他人感受變得相當敏感，它是一種體悟到他人快樂和痛苦的能力。」

他們對善良的歷史興衰作了總結，不禁感嘆，從維多利亞時代的人們就認知到這種使人們緊緊相繫的真誠態度，然而如今這種良善正逐漸式微。

有人認為我們的生活取決於善良，因為正如哲學家讓・雅克・盧梭（Jean-Jacques Rousseau）所寫：「我們最美好的生活是彼此相繫，且作為一個整體，我們的真實自我並不只存在於我們自己。」

善良跨越各個生活圈，大家不分彼此，形成了維多利亞時代的良好風氣，令人振奮且身受啟發，因為它造就關懷他人的文化。

現代社會的態度（強調自給自足、利己主義和疏離）已經削弱了我們對善良的信心。我們應該要相信善良是有意義的生活取向和公民美德，然而善良卻總是被聯想到虛弱、脆弱、女性化、陳舊和不可信任。

其實我們的良善本能一直都存在，因為我們的基本神經學與關懷息息相關。正如泰勒和菲利普斯所寫的，這是一種矛盾：「人們一直祕密地過著良善的生活，但是無法透過口語表達，也沒有任何文化上的支持。」

現在是建立友善文化的最佳時機，因為我們迫切需要這種文化。為此，我們每個人都需要將善良從一種感性的觀念轉變為一種對彼此關愛、尊重和欣賞的自然表達方式。這個目的需要付出許多努力。本書將提供給你一套表達善意的語言，鼓勵你感受它的必要性，幫助你明確地表達友善，並且為你提供由內而外的養成方法。你將會見識到自己擁有同情的本能，它深植於你的基因。但是，如果不落實在生活中，友善的能力就會減弱，演變成最令人恐懼的事情。

努力關愛

哈佛教育研究所的「讓關懷普及」計畫使這種恐懼浮上檯面。執行董事瑞克．魏斯伯德（Rick Weissbourd）指出，我們處在一個追求高成就的高壓時代，並且相當重視個人享樂。

「我們忘了多關心他人、關懷社群。」魏斯伯德如是說。同時我也認同，我們需要更多的關懷機會和善良模範，特別是在面對與我們不同的人時。

該項目的報告名稱為《我們需要培育的孩子》，調查了超過一萬名的青年。將近八成的年輕人選擇「高成就」或「幸福」作為他們的最高價值，只有大約兩成的年輕人選擇「關愛他人」。

普遍來說：「年輕人既沒有將關懷他人列為優先，也沒有看到周圍的關鍵人物以這件事情為優先。」研究人員觀察到言詞與現實之間的差距、還有上一代對孩子優先選擇權和價值觀的影響，也會透過日常行為表現出來：

「當孩子們沒有將關懷和公平擺在自我利益之前，當他們認為同儕不會以這些價值觀為優先時，他們更容易做出各種傷害行為，包括殘酷、不尊重、不誠實和詐騙。」

該報告警示我們注意現今兒童的錯誤價值觀和行為，並指出在養育他們長大的社會，我們幾乎可以在任何地方看到言語與現實之間的差距：政治、商業、教育、養育。如果我們重視關懷和友善，那麼便需要從我們本身、我們的人際關係和我們的社區中進行培養。

魏斯伯德說：「我認為好消息是，許多孩子的確看重關懷和友善，只不過他們常常將它擺在第二順位（在個人幸福和成就之後）。」

對良善的呼喊

善良是現今文化中被忽視的一種美德，但它一直存在於直覺本能之中，我們仍然可以運用它來幫助我們和整個世界。本書是一個號召人們團結的戰鬥口號，它闡明了善良是一種通往幸福和快樂的途徑。

我們大多數人都重視善良，並且渴望釋出善意。這件事本質上需要勇氣，因為我們必須勇於經歷與他人（尤其是與我們不同的人）建立聯繫的脆弱性。我們確實發現：建立關係是與生俱來的本能。

來自包括神經生物學、進化科學、心理學和教育在內等領域的廣泛發現，為建立一個更加友善和溫和的世界帶來了希望。簡單來說，因為我們為此著迷且從中受益。各領域的研究都不斷顯示，善良對個人和集體幸福的正向影響，包含身體健康、情緒健康、人際關係、生活滿意度、社區乃至經濟等多元方面。這些科學證實了古老的智慧，而且數據仍然不斷地增加中。以下是我們目前所知善良可以帶來的效果：

- 促進大腦中的情緒調節和同情網絡。
- 減輕退伍軍人的憂鬱症和創傷後壓力症候群相關症狀。
- 保護助人的專業人士和急救人員免於同情疲乏。
- 減輕偏頭痛和慢性疼痛症狀。
- 增進對自己和他人的正向態度和同情心。
- 減少批評背負污名的社會群體，並且增加同理心。
- 改善身體意象。
- 強化浪漫愛情的關係。
- 改善青少年有關抑鬱症、焦慮症和社交孤立的症狀。
- 促進幼兒的抗壓性和親社會行為。
- 延長志願工作者的壽命。

　　事實證明，善良是幸福的解決方法。而且你擁有從內而外培養友善的渴望和自然動機。有了這本書，你可以增強憐憫的本能，並鼓勵他人有同情心，因為當你有目標性地實踐同情心時，全身都會散發出善的光芒，並且散播出去，因為它具有感染力。

推薦序

《善良練習》是一本對於善良有精闢剖析的書籍，超越了目前的任何相關著作。臨床心理學家塔拉·庫辛奈博士倡導更深入地了解我們共享的人性，她同時也是世俗精神的實踐者，企圖運用正念和實用技巧提升善良的水平。

如果你想對包括自己在內的人們更加友善，本書可以為你指出正確的方向。它結合了智慧、精彩故事、靈性、實用訣竅、心理洞察和美好的科學知識，以及淺顯易懂的文字，能夠從書面迅速進入讀者的腦袋和靈魂。

難能可貴的是，本書能夠吸引讀者進行個人轉化和成長潛力的試驗。

為什麼要特別探討善良？因為善良是每個人的日常用語，它是一個簡單的概念，而且容易理解。

它沒有特殊的啟示，沒有深奧的真理，對於現實不需要有罕見的洞察力。因為

「善良」是一個謙虛的字眼，所以它不會引起傲慢的辯論和衝突，使我們與之對抗。「善良」的普世意義不須贅述，當有人要求我們是否可以友善一點，我們都知道那是什麼意思。

塔拉使用「善良」一詞，因為我們都曾經歷過。對善良的重視能將思維聚焦在我們日復一日的生活小細節上，這些細節是顯而易見的：臉部表情、聲音語調、對細節的注意、駐足聆聽，以及不會排擠他人的謙虛，甚至是一句簡單的「謝謝」。這些不是什麼大不了的事情，卻是美好生活的基本要素。

善良揭露了我們在日常生活上所有相遇之人的尊嚴、價值和美麗。它不是抽象的「對人類的愛」，而是一種具體的關懷，是一種與你所處世界真實互動的方式。

我們都在正確的時間和正確的地方成為友善的人，而塔拉幫助我們看到，一切的努力都會值得。

「善良」一詞還傳達了一種平等的尊重感，一種生命網絡中的整體性和維繫感。塔拉將善良定義為**行動中的愛**。

正是這種愛，使他人的快樂、安全和幸福與我們自己的一樣充滿意義且真實。以愛的體現來定義善良，可以觸及心靈和大腦的最深處，使我們每個人都具有深刻、內在和平等的價值。

沒有善良的形式，就不可能表現有意義或可靠的愛，因為沒有善良的愛是無法想像的，歡笑和忠誠也一樣。

在良善的世界裡，沒有自戀、沒有排擠，反而會為每個人敞開一扇大門——儘管我們不完美，但能得到同等的重視和接納。

此時此刻，善良比以往任何時候都更加重要，因為它拒絕分化我們彼此的差異，無論那是階級、種族、宗教、民族、教育、性別、貧窮、性別認同、殘疾還是出身。

善良毫無例外地存在於每一個人，這並不需要天真或愚笨來實踐，只需要看到善的閃現與光芒，極力地展現即可。

身為在垂死病人身上耗費大量時間的醫學專家，我可以證明，垂死之人最常見的遺憾通常是：「我應該更友善。」

但是希望在塔拉的幫助下，我們所有人都可以在將死之前，及早關注善良。最後，這本可愛的書也是一個巨大的挑戰，除了改變我們的外在行為之外，它還督促我們對自身反省，捫心自問：我是否忽略了善良？為了成功和幸福，我迷失了方向嗎？我錯過了生活本身嗎？

不要錯過做出重要改變的時機，立刻展開你的良善之旅，並且記住，善良是愛的一種形式，它需要我們代代相傳。

當你年輕時，善良會給予你古老靈魂的智慧；當你長大一點時，善良可以保持你的年輕活力。

石溪大學醫學院醫學人文關懷暨生物倫理學中心的創始人，
愛無設限研究機構的主席。
史蒂芬・波斯特博士（Stephen G. Post）

本書導讀

我對善良的深入對話揭露，每個人都以獨特的方式得到醒悟，通常是由於個人的苦難、觀念的轉變、自我同情的萌發，或是對建立關懷文化的渴望。書中的故事分享了這些覺醒時刻，展現善良如何自然養成，說明有哪些阻礙因素，並且示範了我們如何從中克服。

這些故事來自客戶、朋友、同事、社交媒體聯繫人以及我自己的經驗。在某些情況下，我更改了名稱或身分細節。絕大多數是日常生活中每個人盡力而為的平凡故事。

因為培養和重視善良是一種日常生活方式，所以這本書廣泛地蒐集各種資訊。閱讀第一章後，你可以跳到任何一個章節。每章都以一個故事開頭，描述一個原則，分享經由科學鼓勵的智慧，提供實際演練以發揚光大，並以反思作為結語。以下是代表你實踐友善的旅程中不同階段的四大部分概述。

第一部：〈善良是人的天性〉強調友善、關懷和關心的自然傾向是物種生存的根本。這一部分說明在我們的日常經歷中善良如何崛起。我指出了容易掉入的陷阱：被誤導的注意力、同理心的困擾、壓力以及對他人的冷漠，並且說明要如何成為一名善良鬥士。

第二部：〈樂於關懷的大腦〉聚焦在如何通過身體驚人的生理地圖來傳達對善良的渴求。你會讚賞這種「關懷藍圖」的運作方式，並了解人類在生存和繁榮的進化過程中，所產生的緊張關係。我提供了一些方法能讓你的神經系統平靜下來，並且調節你的情緒，包括同理心的情緒平衡作用。因為在沒有情緒低落的包袱下，你才能夠做出愛人、友善和樂於助人的選擇。

第三部：〈充滿慈愛〉解釋如何通過建構模組來增強善良的神經通路：正念、找到志向和自我關愛。生活充滿喜樂也充斥著痛苦，以內在力量應對每天的挑戰，勢必會影響你的身體、情感、關係和精神生活，而溫柔和關愛意識能夠擴大對自己、他人以及生活世界的欣賞和感恩，因此可以創造一種以良善為導向的生活。

第四部：〈善良的眼光〉傳達了所有人對於愛和歸屬感的基本需求。你如何從過去中學習，甚至於展望未來，取決於你如何選擇當下的生活方式。將友善作為生活傾向，憐憫、寬恕和慷慨的表達將變得具有感染力，迅速提升正向能量和幸福感，成就更大的善念。

善良既簡單又神聖。我希望你和你的家人、朋友都可以從這些故事中得到啟發，向他人分享這些實用的練習，打造一個充滿愛心和同情心的世界網絡。

CONTENTS | 目次

第一部

善良是人的天性

第1章 善良需要努力

在我女兒蘇菲被揍鼻子的一個月之後，我有幸與「世界上最快樂的男人」——馬修．李卡德（Matthieu Ricard）交談，他是一位廣受愛戴的佛教僧侶、人道主義者和冥想研究人員。

我問他一些有關同理心，比較入世的問題，尤其是如何幫助那些同情心氾濫的人。我承認我們家都有點同情心氾濫的問題。

「妳該感到高興啊！」他回應道。

我感嘆地說，其實這樣的特質會令人精疲力盡。

「沒錯，」李卡德回答道，「但是，妳只需要從一件事開始，即使是從鄰里開始也沒關係。同理心氾濫總比冷酷要來得好。」他向我保證。

同一個星期，我參觀了美國大屠殺紀念館，大大地擴展了我對同理心的探索，從單一世俗的角度，擴展到一個廣泛的文化。

我的母親是德國裔的美國移民，出生於一九三八年，是貧窮的天主教女孩，她最早的回憶幾乎都是在防空洞裡過著半飢餓的生活。母親在很小的時候就必須照料山羊，幫忙維持生計，她對鄰近地區以外的世界一無所知。

大屠殺的真相直到後來才公諸於世，因此她十九歲去美國後，就一直背負著沉重的歷史原罪。我的母親矯枉過正地向孩子們灌輸一種強烈的義務感，也就是要幫助他人，就算自我犧牲也在所不惜。而我也一樣，讓我的女兒們也繼承這種情結。

在紀念博物館裡，我的視線定格在一個陳列著兒童書籍、玩具和海報的展示架上，這些作品全都對兒童灌輸軍國主義、種族主義和反猶太主義。

如今，與猶太大屠殺有關的一切，令我的內心世界起了翻天覆地的變化，即便我對近代歷史的重蹈覆轍並非一無所知。但就在那一天，那些童書觸動了我。

我反覆思量人類想像力的巨大能力，並開始好奇，假如我們能夠阻擋殘酷行為的蔓延，我們是否同樣也有能力把善傳出去。

我對善良的疑問有了轉變，從「我們有多難去感受到善」，轉變成「我們要如何增加和維持善」。

與現今有關神經可塑性的研究相互呼應——這些研究專注於經驗如何型塑我們的心智能力，以及我們的思想如何反過來成就經驗的發生。

這讓我想到，我們可以仰賴神經網絡來實踐友善，我們可以採用有系統的做法來培養同情心和對社群的關懷。

馬修．李卡德將善良描述為一種利他主義，是一種關懷和熱心的形式，體現在你對他人的行為舉止上。

對於李卡德而言，**人們與生俱來的同理心，可以成為善良和憐憫的催化劑，並且可以透過各種冥想練習和技巧來擴大這種情感。**

同理心是與他人最基本的交會點，這種交會點可能會使你陷入困擾，也可能因此變得友善。

我在本書中所提到的同理心是**積極同理心**，能夠從別人的角度檢視，而且能夠不迷失在失控的高漲情緒裡。我將會在下一章中對此進行詳細的解釋。

此處的重點是，你可以運用同理心來有意識地擴大對於善的認知和能力。

何謂善良？

「善良」是愛的表現。因此，讓我們先來了解愛的特徵。

愛可以因為深遠的羈絆關係而產生，例如你對朋友和家人的愛；它也可以對任何有生命或無生命的事物展現，無時無刻、無所不在。

愛是所有喜樂之情的源頭，包含了其他正向情緒（開心、同情、感激、喜悅、自豪、寧靜等），在它的照拂下，愛可以豐富你自己和他人的生活。

善良是表達愛的廣闊渠道，任何愛的舉動都反映出真正的關懷。這樣的慈心展現了你對他人和整個世界的溫暖和慷慨之情，以及想要為受苦之人帶來解脫的渴望。

因此，善良既是愛存在的標準，也是讓生活有目標和動力的價值取向。

心靈大師、神祕主義者和詩人都傳遞著愛的訊息：愛與善良都存在於你的內心，它們讓我們所有人緊緊相繫，又不僅限於人類。

當這種無遠弗屆的愛出現，你與自己和他人的關係會帶來真實的快樂和幸福，同時也是恐懼的解藥。

雪倫・薩爾茲堡（Sharon Salzberg）[1]告訴我們愛如何運作：充滿恐懼的心可以被愛的意識滲透和征服，充滿愛的心則不會被恐懼超越。

在佛教經文中，對自己和他人的這種無條件的愛稱為慈（mettā）。

「慈（mettā）是一種不被慾望所束縛的愛，不會否認事物的本質，所以能克服各自分離、不屬於整體的幻覺。」

這種愛是一種善意的表達，你可以體會到不依賴外部條件的深刻幸福，而不是拒絕艱難的感受或做出激烈反應，以改變某些事物、某個人或整個世界本身。但是這個世界不斷在考驗我們，不是嗎？

同情昏睡：壓力如何侵蝕善良

當你感到幻滅、恐懼、受威脅或沒安全感時，要激發你的善良本能就有一定難度。

你可能會變得精疲力盡、冷漠無情或心不在焉，進而導致憂慮的狀態。通常人們對壓力的自然反應是進入保護模式，大腦的內部警報系統響鈴大作，而你唯一的選擇就是戰鬥、逃離、暈倒或是僵在原地。

假如是處在生死攸關的時刻，這樣的反應至關重要，因為我們生來必須對壓力源做出快速反應。然而，當你的警報系統開關卡住而總是處於開啟的狀態，你的身體將無法恢復健康，而且壓力會長期存在，讓你感到身心靈疲憊不堪，這些我們將在第十章中繼續討論。

專家解釋，壓力反應和隨之而來的負面情緒，會讓你將注意力集中在立即採取行動上。

當你與人爭吵、做出過度或不應有的批評時，你可能沒有察覺到自己變得心胸狹窄和卑鄙刻薄，而且通常會表達出負面的看法。

另一方面，正向心理學家芭芭拉・弗雷德里克森（Barbara Fredrickson）告訴我們，正向的情緒會擴散開來，並且隨著時間流逝成為你的內在資源，因此它們可以為

---

1 雪倫・薩爾茲堡（Sharon Salzberg），紐約時報最佳暢銷書作家，在西方教導佛教的冥想練習，著有《辦公室靜心冥想的練習》（*Real Happiness at Work: Meditations for Accomplishment, Achievement, and Peace*）。

你所用，特別是在艱困的時刻。

它們可以觸發人體的自我安撫系統，讓你感到更安全、冷靜，讓你得以休息、恢復和修正你的心態，變得心胸廣闊、慷慨、慈愛和友善。

長期處於狹隘視野的憂慮狀態下，就很難關注自己的同理心，更別說幫助你了解事物並善待自己和他人。

這種同理心的侵蝕絕不是自己刻意為之。壓力彷彿一滴滴緩慢流下的毒藥，逐漸削弱、剝奪你的同理能力，甚至於你的良善之心。

我稱這種效應為「為了自保導致的同情昏睡（Self-Protective Empathy Lethargy）」，簡稱SPEL狀態。

當我們讓自己過於忙碌、疲勞、害怕、勞累、不堪負荷、受制於科技造成的分心、或是精疲力盡，基本上會讓我們疲於奔命，以致於沒有心力付出更多關懷，這種效應便會不知不覺地出現。無論是內部或外部因素，我們任何人都可能陷入同情昏睡之中，這一切都取決於你如何應對引發壓力的事物。因為**當你順利地處理壓力時，你就會從同情昏睡中甦醒過來，並且信任自己可以迎向任何挑戰**。本書會引導你邁向這

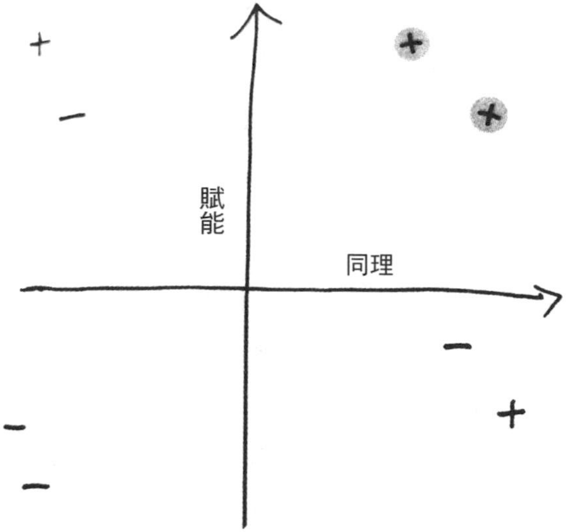

種覺醒。

當同理心與掌握程度（或稱為賦能）之間出現不平衡時，你就會陷入同情昏睡，無法有所作為。當感到壓力、不堪負荷或無法適應時，你的內在資源就會減少，因而讓感受或表達友善的動力不足。

要解決這個狀況，就得移動到最美好的位置，如上方象線圖所示。了解自己在同理—賦能網格（Empathy-Empowerment Grid）上的位置，可以幫助你更深入地思考什麼可能有助於或有礙於你心中的善意。

・**高同理／高賦能（＋／＋）**

這是一種關愛的狀態，會產生友善的行

為和對他人福祉的投入。它是一種富有同理關懷的感覺，因此產生一致的行動，提供關心、喜愛或寬慰等等。這種慷慨大度變得具有感染力，關懷圈得以擴大，社會公正得到重視。這種趨勢為個人和集體利益帶來茁壯與繁榮。

・高同理／低賦能（＋／－）

是一種同情昏睡狀態，存在對自己或他人的關懷衝動，但現實的障礙或個人的不舒服、恐懼、疲憊或幻滅，削弱了提供幫助、服務或做出積極改變的能力。你甚至可能處於同理困擾或同情疲勞的狀態，而無法忍受他人的痛苦或苦難。

・低同理／高賦能（－／＋）

處於富有力量和信心的位置，你會受到利己目標的激勵，以犧牲他人為代價，無視他人的福祉，並且將他人視為局外人。

・低同理／低賦能（－／－）

一種冷漠和孤立的狀態。當面臨真實或假想的生存威脅、無處不在的創傷、與他人疏離或者感到無助時，便可能會發生這種情況。你會感到麻木不仁，因此無法採取任何行動。

藉由敞開心胸，打破同情昏睡狀態

為人向善需要有敞開自己心胸的意願，也需要有意識且真誠的努力，才能變得比以前更加友善。

即便你具有同情心的本能，假使你不採取善良的行為，對於愛人和歸屬的能力就會受到侵蝕。為了抵消侵蝕的程度，請盡你所能地恢復友善。對抗同情昏睡狀態需要付出努力、勇氣和技巧。童話故事和社會文化告訴我們，想打破咒語可以通過真愛之吻、魔法斗篷、紅寶石鞋，或者做出英勇、誠實、善良和無私的壯舉。總而言之，這些故事都在喚醒人類對關愛的體悟。

這裡有結合六種元素的靈丹妙藥可以解除同情昏睡狀態，再次點燃或重新喚起你的善良。你可以用它的首字母縮寫詞PEPPIE來牢記這個配方，就像一個有生命力的能源。本書中有許多PEPPIE範例和練習，這些示範和訓練將會啟發並幫助你建立起強大的儲備技能。每一章都包含一個反思問題，讓你領略到善良練習的意義。

回到當下（Presence）：你可以透過學習在物理空間和身體中紮根的感覺，以及透過轉瞬即逝的體驗（包括感官、情感和思想）來養成這種技巧。這是一種基礎練習，即使生活感到匆忙或不堪負荷，也要以善良意識和慈愛為中心思想。這就像發現一顆金蛋，是幸福的活力來源。

當我跟著吸氣和吐氣時，會發生什麼呢？我現在注意到什麼感受和身體感覺？我的腦海裡流淌著什麼想法？我需要什麼才能感到安全和得到支持？我是否可以不加思索，就覺察到一整天中愉快和不愉快的時刻？

情緒調節（Emotional regulation）：當你感到難過或被驚擾，而啟用身體的天生自我安撫系統時，你會強化辨識和處理各種情緒的能力，包括同理心——這是展現友善的先兆。處理情緒的能力可以培養社交情緒智力，豐富人際關係，並且帶來整體幸福感。

即使我的情緒激動、思想混亂或甚至感到恐懼，我依然能找到自己的核心嗎？我該如何從別人的角度出發，並且不會被自己的情緒干擾？當我需要安慰和支持時，我能找到嗎？

保持洞察力（Keeping perspective）：這項技巧需要對生活經驗感到好奇，從中學習，並想像出善良、聯繫和成長的新可能性。以這種方式看待世界，就是要培養內心的嚮導、明智的思維和更高的自我。因為透過理解和善意的角度來觀察事物，可以擴大你的認知領域。

我能帶著同理心傾聽嗎？即使無法認同，我是否還能聽進別人的觀點，進而找到共識？當我看見到處充滿痛苦時，我能伸出援手的最好辦法是什麼呢？

生命意義（Purpose）：當你找到生命意義時，就會信任自己和他人，想像各種可能性，找到有所幫助的全新解決方案，確立你的價值觀和指導原則，並按照這些原則行事。目標導向的生活給予你安全感，以開放、無所畏懼的方式與他人連結。這樣會壯大你的正直，強化同理心，讓你可以體會並支持全人類的美麗和尊嚴。

對我來說重要的是什麼？我的價值觀是什麼？我想到了什麼可能性？有意義的生

活是什麼樣子？我能立志成為一名善良鬥士嗎？

整合（Integration）：整合資源去培養健康的思想、身體和精神習慣。當你整合各種習慣，例如學會欣賞美好時刻、感到安全、關心自己、練習寬恕和感恩、以同理心聆聽並設定健康範圍時，內在穩定和仁慈的力量就會源源不絕地增長。這樣的技巧可以增強抵禦能力，讓你從不可避免的挫折或無法預見的障礙中恢復過來，因此你會感受到所有生活中的歡樂和悲傷。

我用愛和善良滋養自己的可靠方法是什麼？還有其他不同的做法可以證明我如何關懷自己和他人嗎？

付諸行動（Effort）：請記住，善良是行動版的「愛」。掌握個人與生俱來的創造力和內在力量，才能創造美好事物。這些態度自然能積極創造友善、憐憫和社會公正。即使無法確定結果，甚至可能失敗，你也可以有意識地發揮自己的力量，邁出自信的步伐。

我可以投入哪些快樂的努力？我如何為他人服務？我能為自己或他人做一件善事嗎？我可能想嘗試、創造或協作什麼？我如何與其他不喜歡我的人建立聯繫？我該怎麼做才能實踐愛的行動？

如你所知，其中某些要素歸屬於內在，而某些要素需要確實的行動才能展現。接下來的章節將為你提供從內而外培養善心的技巧。

第2章

你的善良本能

有時，這世界感覺起來好像非常不友善。

我的女兒喬西十二歲那年，發生了三起可怕的事件：第一起事件是電影院裡發生的「蝙蝠俠射擊」，其中十二個人被殺，七十位受傷；第二起是桑迪胡克小學的大屠殺事件，造成二十六名兒童、教師和教職員工喪生；第三起是波士頓馬拉松爆炸案，數百人遭炸傷，三人死亡。

那是極度悲戚的一年。儘管我盡了最大的努力，不過度曝光，喬西仍感到真實且強烈的恐懼，擔心自己會遇到類似的事。學校定期在教室內進行演習，她不禁胡思亂想，害怕自己和親人也會承受這種撕心裂肺的痛。喬西的反應令人心碎，她百思不得其解：「為什麼有人會這麼做？」

這種油然而生的恐懼掐住了她。

後來發生了某件事，讓她頓然醒悟。

在一個跳遠的沙坑中，有一群孩子發現了一對小田鼠。即使每個人都知道牠們已經沒有存活的希望，並且七嘴八舌，事不關己地討論著，喬西還是下定決心要營救牠們。她聲稱：「我知道牠們會死，但至少我可以給予牠們安慰，直到牠們生命結束的那一刻。」

在喬西的堅持下，我開車送她到運動場，當時她拿著一瓶電解質液和一支滴管，衝過跑道去當南丁格爾。

田鼠們都還活著。她輕輕地將那些粉紅色的生物放在一盒紙巾中。我被眼前的畫面所深深感動：喬西對所有生物都充滿同情心，對她而言，採取關懷行動是非常重要的一件事，彷彿只要盡可能用最友善的方式去行動，她就能扭轉整個世界。

像大多數的孩子一樣，她還替那兩隻田鼠取了名字——布萊德利和夏洛特，並且悉心照顧牠們。

幾天過後，其中一隻老鼠死了，喬西依然不放棄照料剩下的那隻，然而最後，她將這一對田鼠都埋在花園裡。

當她因牠們沒有活下來而感到沮喪時，她安慰自己：「至少我努力過。」她的努力使我們為之動容。

這個世界因為飽受分別心、悲痛、沮喪和無助之苦而感到沉重時，喬西表現了自己的善良，從中獲得了療癒和力量。

她向這個殘酷的世界宣示，她會照顧最柔弱的生物，她發現在這麼做的過程中，感覺最棒的並不是逃避殘酷的現實，而是始終如一，毫不動搖地表現良善。

成為善良鬥士

真正的善良無法事先規劃或刻意為之，正如喬西所表現的行為一樣，它是種本能反應，讓人感到活力充沛，甚至亢奮。

沒錯，要做到友善可能會很困難。藏傳佛教老師邱陽・創巴（Chögyam Trungpa）甚至認為富有同情心的思維是一種「戰士的思維」。

「要了解我們本身以及人類的自我本性，我們應該關注於人類之間具有美感和尊嚴的事物。這樣做會使你擺脫恐懼的想法，轉變為精神鬥士的思維。」

為了克服生活在痛苦世界中的恐懼，必須擴張同情天性，因為它是發自內心的。要明白，你的所作所為對他人很重要，所以要小心留意自己的行為。請立志成為一名善良戰士，鼓勵這種本能背後的純粹能量。

老實說，當初我們一家人認為喬西的努力根本沒有意義。我們想保護她，讓她免於面對必然的失望。正如她所說，我們是掃興、潑冷水的人，而我們確實是在抹滅善良。

事實上，苦樂總是並存並行，想保護孩子或任何人免受任何傷害，這種想法是徒勞無功的。

超級照護物種

我們友善的生物本能與社會制約，都是為了幫助我們融入世界。你有潛意識的關懷本能，我們所有人都有。

人類進化，不僅是為了生存，也是為了蓬勃發展。

人類進化論有一個鮮為人知的觀點：同理心。同理心比自我利益或自我保護更加強大，是一種自省的社會本能，它源自於我們對需要養育多年的脆弱嬰兒的照顧，使得我們成為了超級照護物種，一代又一代，它們重新設定並改善了我們的神經系統。

正如研究人員和學者達徹．凱特納（Dacher Keltner）所說，同情和善良是人類基因的重要組成部分，它們「被嵌入我們大腦的皺褶」。科學家和精神領袖一致認為，這些鮮明的人類特質已深入我們的細胞基因，並融入了我們的心靈，讓我們渴望關懷他人。

這種友善的自然傾向如何茁壯成長，絕大多數要取決於自己。心理學家和神經科學家理查．戴維森（Richard Davidson）說：「人類以天生的純粹善良來到這個世界。當我們致力於培養友善和同情心的行動時，實際上並沒有創造新事物——並不是創造還不存在的東西，我們正在做的是認識、加強和培養從一開始就具備的特質。」希望和責任也包含在其中。

如何表達這種非凡的能力取決於你獨特的生活經歷，因為現實中的攻擊和競爭也是我們進化遺產的一部分，恐懼亦然。

幸運的是，透過努力培養和加強友善本能，可以改變你的舊有狀態，你可以善良地成長。它始於認識自己的友善本性，慢慢地，你會想利用自己的志向和努力來發揚這種本性。

善良的練習：重燃善良

我邀請你成為一名善良鬥士。這個過程從簡單地思考善良對你的意義開始，思考你自己的想法、感覺、印象和志向，拿出一本日記，完成這項反思的練習。

請回想你遇到善意的時刻，至少列舉出三個實例，在這些時刻，可能是善良的本能使你停止猶豫，進而關懷或擔憂他人的福祉，也可能是你接收別人善意的時刻，或者你目睹其他人將愛付諸行動的時候，甚至可以包括你所聽到有關善良的故事，這些故事深植你的腦海。以下是一些可以幫助你開始的提示：

我記得我曾幫忙……

當……時，我想到了人類的善良。

我永遠不會忘記何時對我友善……

當我想到世界上的善良人士時，名單包括……

當我想到生活中的善良人士時，我會想到……

我出於善良挺身而出的時候是……

當我想到必須離開自己的舒適區表現友善時，我想起了……

藉由關注善良和同情的本能，你可以開始點燃或重新點燃它。就像篝火一樣：從最小的木棍開始，並且輕輕地吹在火苗上，之後木材便會籠罩在溫暖和光芒中。因此，當你看到善意時，請記住它。請特別注意，就像喬西一樣，我們許多人甚至都沒意識到自己是善良的鬥士。

反思

善良是我的天性。我問自己：人生教導我什麼有關善良的事情？我透過什麼方式成為一名善良鬥士？

第3章 樂於助人

喬納和迪倫從幼兒園以來就是朋友。當他們升上一年級時，迪倫的媽媽告訴迪倫，喬納患有罕見肝病，而且目前尚未有治療方法。

迪倫說他想幫忙。他決定募集資金來支持該疾病的治療研究，他想到的點子是畫一本彩色圖畫書，在學校活動中販賣。

該書名為《巧克力棒》（*Chocolate Bar*），而這個「巧克力棒」其實背後指的是「很棒的事物」，舉凡像「游泳」和「參觀迪士尼樂園」一類的事情，都被列為「巧克力棒」的事物。

在迪倫的堅持下，他的父母製作了兩百本，而全食超市贊助了這個募集活動一百條巧克力棒。

最後迪倫的書本和巧克力棒全都賣光光，在短短幾小時內就募集到五千塊美元。這次活動讓這個六歲的孩子受到很大的鼓勵，於是他設定了一個更遠大的目標，那就是要募集一百萬美元。

他的母親很訝異，他知道一百萬美元是多少嗎？這不要緊，反正迪倫堅持要做到就是了。經過朋友的口耳相傳，他們的故事躍上了當地和全國性的新聞。

這些男孩成為炙手可熱的名人。迪倫擁有黑頭髮和黑色眼睛，深邃的酒窩，頑皮的笑容。喬納長得漂亮而且有紅頭髮，當時他連門牙都沒長齊。兩個人聚在一起，他們可能是《一窩小屁蛋》（*The Little Rascals*）上的好夥伴，但是他們的玩笑變成了奇蹟：在短短的兩年時間內，在雙方父母努力不懈的幫助下，這本書募集了一百萬美元。

由於他們的努力，喬納的醫生開始了臨床試驗研究，有朝一日可能會誕生許多肝病的治療方法或解藥。

迪倫所展現出的高度同理心，以及高權能的最佳表現，將在未來使無數人受益。

同理心能夠拓展你的世界

「同理」這個詞的意思是能夠「感受」到某些事物或某個人。如今，孩子們喜歡說「我感覺得到你」，而成年人更喜歡說「我聽得到你」。

當你感覺到他人的想法、感受和意圖時，同理心就會激發你的想像力。當你有被滋養的經驗，以及透過關懷他人而得到令人安心的情感聯繫時，這種想像力就會被激活。同理心是透過反覆試驗、洞察力，以及個人深刻地了解受害與加害的感覺而形成的。

同理心是必要的起點。同理心把我們緊緊相繫，而心理能力能夠強化同理心。

當一個嬰兒對另一個嬰兒的笑聲或哭聲有反應時，同理心的共鳴可以從嬰兒的情緒感染中看出。我們通過人類的哭喊、聲音、動作或面部表情來體會它。隨著成長，我們可以間接感受到他人的情感或精神狀態，但不會迷失其中，或是跟自己的感受混淆。心理學家將這些屬性和技能歸因於大腦的兩個基本功能：

・**情感同理：**當另一個人感到高興或悲傷時，你在剎那間也與他同喜同悲。你反射了另一個人的情緒狀態，利用神經迴路做出情緒反應。

・**認知同理：**讓你能夠從另一個人的角度出發，想像或從理智上了解他們的思想和感受，而不必激起情緒感受，它又被稱為心智理論或者心智化，在你的大腦中參與了不同的神經迴路。

我們彼此間的聯繫和養育方式各不相同，因此都有著獨特的敏感度、個性和依附感，會影響同理心的發展。

同理心的情感和認知方面都會產生動機同理，意思是，同理心會督促我們互相關心和採取友善的行為。

我們需要同理心，以便自我意識、情緒調節和遠見（PEPPIE的所有核心要素）得以發展。正如迪倫所表現的那樣，幫助是孩子們的遊戲，但我們需要心智成熟，才能讓同理心引導有實質意義的幫助、合作和關懷的行為。

有同理心地長大

同理心會隨著我們的成長而增加。

在孩子們開始了解自己的情緒，並知道他人也有自己的情緒，在這短短的期間內所發展出的同理心，就會令他們產生關懷的行為。

十四至十八個月大的幼兒會自發地表現出友善、樂於助人的行為，例如帶著水瓶或玩具安慰另一個難過的幼兒。孩子們會不假思索地幫助他人，從中獲得樂趣。

費利克斯・沃納肯（Felix Warneken）[1]的研究說明，利他主義的根源可以從幼兒的自發助人行為中看出。他設定了幾個情境，讓一個笨拙的成年人假裝在進行任務時遇到麻煩，例如將書放回櫃子裡，或伸手去拿桌子上已經滾出觸及範圍的筆。

幼兒會推測成年人的目標和意圖，接著打開櫃子的門，或者拿回那支筆，而且之後不一定會要求獎勵。

這裡要提到在許多研究中顯示了一個非常有趣的發現，**「獎勵」實際上會阻礙同**

---

1 費利克斯・沃納肯（Felix Warneken），哈佛大學發展心理學家。

理心並且弱化良好的行為。這個發現似乎完全與預期相反，不過卻是事實：如果孩子們因助人而獲得獎勵（例如貼紙或代幣），將來去幫助別人的可能性就會變小。

這是基於什麼原因？

獎品（外部獎勵）削弱了孩子透過幫助某人而獲得的自然欣喜（內在獎勵），最好的獎勵方式應該是表達發自內心的喜悅和欣賞，因為孩子們只是樂於幫助。

善良的練習：情感詞彙

你可能具備同理心，但是它需要被鼓勵和拓展。要培養情感同理和認知同理，請從「當下」開始，先認清自己的感受，不出多久，你會發現自己更加能夠了解他人的感受。

研究顯示，記錄情緒會減緩反應程度，並且提高認知度和接受度。你可以記錄情緒，讓自己既不會被情緒淹沒，也不會感到麻木，無論情緒是積極的、消極的、以自我為中心的，還是受他人影響所產生的。

當你練習將情感轉化為文字時，你會為它們開發詞彙，因而擴展對自己和

活潑的	堅決的	忽略的	放鬆的
深情的	失望的	不耐煩的	解脫的
害怕的	心灰意冷的	重要的	傷心的
愉悅的	厭惡的	卓越的	安心的
好笑的	渴望的	有趣的	滿意的
憤怒的	欣喜若狂的	易怒的	驚恐的
生氣的	尷尬的	嫉妒的	敏感的
慚愧的	熱情的	喜悅的	嚴肅的
極好的	感到興奮的	提心吊膽的	害羞的
糟糕的	很棒的	精力充沛的	困乏的
憂鬱的	可怕的	孤獨的	焦慮的
無聊的	厭倦的	迷惘的	強壯的
勇敢的	專心的	熱愛的	頑固的
冷靜的	寬宏大量的	有愛心的	緊繃的
能幹的	崩潰的	瘋狂的	考慮周到的
關懷的	自在的	悲慘的	顫慄的
高興的	友好的	喜怒無常的	疲憊的
笨拙的	灰心的	緊張的	苦惱的
舒服的	慷慨的	樂觀的	無所畏懼的
困惑的	和藹的	難以承受的	令人難受的
合作的	陰沉的	熱情的	筋疲力盡的
創造的	感激的	平靜的	擔心的
殘酷的	愧疚的	令人愉快的	令人厭惡的
好奇的	快樂的	驕傲的	荒謬可笑的
消沉的	充滿希望的	被嫌棄的	

他人情感的意識。

在接下來七天左右的時間裡，就寢之前，請回想一下自己的一天，並找出一個讓你有情緒反應的情況，無論是愉悅還是不愉快。在日記中寫下你的感受。

使用上頁詞彙清單，擴充你的詞彙量，準確地捕捉你的感受。

如果你的感覺跟這些單詞有差異，請上網查詢有關感覺的詞庫，使用句子、詞彙組合或者發明一個語詞。請保持好奇心，注意一個禮拜中出現的任何驚喜或起伏。

同理心是情感和認知（相當於我們的大腦和內心）之間的橋樑，它使理性和感性能夠調和並存。沒有這個橋樑，善意便會受到阻礙，讓人陷入同情昏睡狀態。

我們的情感是彼此之間的一種原始聯繫。認識自己的情緒（愉快和不愉快）可以通往辨別他人情緒的道路，讓平凡無奇和卓越非凡的善舉皆為可能。

看看迪倫得知他的好朋友生病後發生了什麼事。他對喬納的同理心引發了一些作為，使他的朋友和許多其他遭受同樣痛苦的人有了希望。孩子們提供的自然典範可以幫助我們看到自己的可能性。

反思

感受和理解別人的經驗，來自於感受和理解自己。

第4章
培養勇氣

「我之前睡過這些階梯，我都會在圖書館睡午覺。」街友麥可正（透過他的視角）幫我們導覽這座城市。

我的大女兒蘇菲說：「這讓我對這些街道有點改觀了，因為它們真的不該成為某人的家。」

她的朋友莎賓娜補充道：「我們第一次見到麥可的時候都戰戰兢兢的。我害羞到不敢跟他說話，但現在我知道，他是個平凡但很棒的人。」

蘇菲和莎賓娜八年級時參加了一個名為「城市邊緣」的夜間城市探索計畫。他們集合在一起寒暄聊天、提供服務和各種想法。街友在街道上提供徒步導覽，並且回答孩子們提出的種種問題。這是一段既尷尬又親密的相遇。

五年後，我問女孩們到底是什麼原因讓這些街友陷入困境。蘇菲回憶道：「這些人向我們講述了他們的故事，改變了我對他們的負面印象。他們並非都是毒品上癮者，有些人在遭遇一連串的不幸之前，也過著正常的生活。大多數人都很友善、有趣、有個人魅力，還有些人的環境非常艱困。」

莎賓娜回想著：「當他們解釋要怎麼找到溫飽之處時，看到他們如此困苦的活著，讓我心裡很是震撼。對以前的我來說，『無家可歸』這件事離我的生活太遙遠了。但是實際走過他們每天生活的道路，我真真切切地感受到了這個問題。」

女孩們至今仍被那段經歷所撼動。

「想像自己或任何我所愛的人身處在那種情況下，這實在令人揪心，」莎賓娜反省道，「這是我絕不希望發生在任何人身上的心痛經歷。」

「麥可告訴了我們一些真正困擾我的事情，」蘇菲補充道：「他說，當你無家可歸時，沒有人能理解你，所以每個人都會下意識地避開你的眼神。他說，如果有一個人可以微笑並且打個招呼，他就會感覺好一些。我從中學習到，即使我沒有捐錢，但只要稍稍展露微笑，就能給予他們安慰。無家可歸的人並不是隱形人。」

在高中時，女孩們成為學生領袖，向同年齡層的人介紹流浪街頭的退伍軍人，並籌集資金幫助他們。

現在上大學的莎賓娜說：「八年級的經歷真的讓我一夜長大，讓我意識到世界上有很多地方需要幫助，而現在的我，打算要貢獻一己之力，幫忙他們解決困難。」正如馬修．李卡德和我說的，當對周遭的人事物產生同理心時，它就會化為富有同情心的行動。

從他人的角度看待

當你從他人的角度思考且感受時，了解他人的經歷就像是一場愛與想像的冒險，需要鼓起勇氣，因為你將面臨到阻撓你發揮善良天性的批判心和內在狀況。你將走出舒適圈，親眼目睹他人和自己的脆弱。

當你深入且真正地了解另一個人時，脆弱就會浮現。布芮尼．布朗（Brené Brown）[1]寫道：「體驗脆弱是一種選擇，而我們唯一的選擇就是面對不確定性、風險和情感暴露時，我們該如何應對。」

你可能會害怕與人更親密（「我不喜歡他們」）、拒絕（「我不屬於這裡」）或覺得自己不值得（「我不夠好」）。也可能產生不舒服的感覺：焦慮、厭惡、心痛或尷尬，因為與他人接觸會暴露自己。

《善良世界》（*Kind World*）電臺系列節目的製作人艾瑞卡・蘭茲（Erika Lantz）如是說：「有時候，一點點善意的舉動只是微不足道的舉手之勞，也不會對生活造成實際的困擾。它可能只有一下子，但確實會帶來積極的影響。其他時候，的確需要付出一些代價才能釋出善意，有時會很花時間，有時會對你造成不便，還有時候需要動用到你的一些情緒能量或身體能量。你必須尋求善良，談論它，而且將它表現出來。」

這是成就善良的挑戰。

瑞克・魏斯伯德（Rick Weissbourd）[2]指出：「我們大多數人都在勇氣中掙扎，比如什麼時候要起而行，什麼時候該挺身而出，什麼時候要沉潛，和誰站在一起，為了

---

1 布芮尼・布朗（Brené Brown），波士頓大學社會工作研究院的研究教授，TED講者，著有《脆弱的力量》一書。

2 瑞克・魏斯伯德（Richard Weissbourd），美國兒童和家庭心理學家，任教於哈佛大學教育學院。專門研究兒童的道德發展，以及童年時期對人的影響。

什麼而站出來。」

為了培養這種勇氣，他認為我們需要更多的能力來管理羨慕、嫉妒、恥辱以及對他人的感激之情。他相信，一旦有更多人擁有這種能力，無論從個人或社會層面而言，人類都將從中受益，特別是我們的下一代。

面對脆弱性

現今的社會壓力和氣氛，強化了人們獨善其身、愛好競爭、比較社會地位、強調自我中心和個人成就至上的氛圍，促使人與人的疏離，以及對他人的恐懼。正如教育家和行動主義者帕克・帕爾默（Parker Palmer）寫道：

「當我們開始看到生活的光明前景與陰暗現實間的差距時，就會透過疏離的生活來保護自己。但是，如果作為孩子，我們可以乘著『歡樂能量的翅膀』穿越『黑暗深淵』，這是每個孩子與生俱來的禮物。」

他引用萊納・瑪麗亞・李爾克（Rainer Maria Rilke）[3]所寫關於穿越無法想像的橋樑的一首詩中的一段話：「孩子們擁有的明亮能量是來自靈魂深處。」

帕爾默指出，隨著我們長大，跨越嬰兒期和青春期的過渡期……我們與靈魂失去了聯繫，而消失於我們扮演的角色。我們開始獨立生活，彼此分離，成為「帶著面具和武器的成年人」。

當然，這對我們的靈魂或人性都是不利的。我們需要跨過橋樑，接受與他人連結和脆弱的時刻，就像蘇菲和莎賓娜所做的那樣，選擇敞開我們的心胸。

感到相互聯繫、給予和接受支持，意味著要暫時跨出舒適圈，冒險伸出援手。當一位善良的人，意味著你必須跨越自己與他人的空間，這當中充滿了不確定性。你會產生疑問：我要靠近還是避開？我該關閉內心還是顯露於外？

當你們有相似的經歷或共同的價值觀時，換位思考就會變得比較容易。但是，如果沒有相同之處，那該怎麼辦？那是造成我們不斷分裂的原因嗎？還是你可以找到一個由人類普世價值建造成的橋樑？沿著這條路，就像故事中的女孩們一樣，它有助於釐清自己的感受、思想、信念和價值觀。這是一個必經的過程。

---

3 萊納・瑪麗亞・李爾克（Rainer Maria Rilke）德語詩人暨小說家。

善良的練習：用自我覺察來滋養勇氣

在善良的練習中。有一個喜樂參半的現象。同理心的關注和採取友善的舉動可能會朝著兩種不同方向發展：使人感到不適和痛苦，或者使人感到輕鬆和喜悅。發展的方向取決於你的安全感，以及同理關懷和實際能力之間的平衡。

想探究你的經驗。請回到第一章中的同理—賦能網格（Empathy-Empowerment Grid）。拿出你的日記本，將頁面分為三個欄位。如同本範例所示。在欄位上方，提出一個讓人痛苦的處境。然後寫下該處境帶來的感受、想法和反應。

以我為例。令我擔心或困擾的痛苦情況是：無家可歸。

我在同理—賦能網格上的位置：高同情／低賦能。

這項練習只是要注意你的不適感、先入為主的觀念或判斷。

我鼓勵各位，每當在為善的糾結點時都要這樣做，以練習覺察力。所以你需要回答以下的問題：

我的感受	我的想法	我的反應
恐懼、悲傷、絕望	假如這發生在我身上怎麼辦？我想知道他們是否都是吸毒者。	我害怕面對他們。我因為擁有家人和房子而感到內疚。

- 在什麼情況下我會陷入「同情昏睡」的狀況？
- 是什麼讓我看他人不順眼？
- 我需要什麼才能感到安全或獲得支持？
- 哪些條件會影響我的同理心和能力？
- 同理他人（特別是與我不同的人），會有什麼風險？
- 哪些想法和感受讓我嗤之以鼻、感到反感或麻木？
- 當我脫離善良的循環後，我是什麼樣的人？
- 我如何將善帶入此時此刻的當下？
- 替代反應（alternative response）可以有哪些？

當你刻意培養愛和善良、尊重和理解時，恐懼會逐漸消散。然後你就可以藉由勇氣來敦促自己創造更多善良的氛圍與條件，在你的日常生活中持續展現。

格雷格．博伊爾（Greg Boyle）神父貼切地表達了這一點：「人類共通的善意，就是渴望替被遺棄的人找到空間。唯有如此，我們才能創造與眾不同的事物。這些事物與上帝的想法更加相似。也許，我們可以互相教導對方如何讓自己散發愛的光芒。人們恢復人性，回到本然的自己。」

喜樂、真誠和全心奉獻都需要勇氣。讓自己與他人都能擁有這些特質，就是一個強而有力的善良之舉。

反思

無論今天我做了什麼，無論我與誰在一起，我會想像著良善的光芒照亮著前路。

第5章 有意識地展現同理心

你的生活是否曾遭受過突如其來的打擊？這個打擊大到瞬間令你喘不過氣來，好比說——一份癌症診斷書。

當克莉絲汀被告知自己患有乳腺癌時，她感到相當震驚，因為她總覺得自己不可能罹癌。她的生活模式很健康，做瑜伽、茹素、跑馬拉松，甚至還當過健康教練。

她很快就被迫去做自己以往討厭的事，那就是或許能讓人保住生命，但卻令人難受的傳統醫學療法。那是一次不為人知、冰冷又令人不舒服的經歷。

「放射治療很奇怪。你走進這個小小的更衣室，換上一件長袍。然後，前一個女人在放射室時，你就進入候診室等待。一個女人走出來，換另一個女人走進去，但是你見不到其他等待的病患。這是一個沉默、隱密的社會。」克莉絲汀如是說。

這樣的作法的確可保障患者的隱私，這點能夠理解，但她覺得自己並不是唯一一個體驗這種非人性化經歷的女人。

她說：「更衣室裡有一面小鏡子。我開始在上面留下便利貼，上頭寫著加油打氣的字句。我是每天第一位預約者，所以每張字條會留在上面一整天。當我第二天回來時，我會拿下舊的那張，改貼上一張新的字句。這麼做可以幫助我在進入放射室之前重新聚焦我的大腦，而且這成了我與孩子們的共同任務，他們會提出有趣、激勵人心的句子。這對我們來說很有意義。其中我最愛的字句之一是『盡力而為，無論其他』。」

三十三天的治療，克莉絲汀幾乎每次都留下了一張字條。

「我從來沒有看到任何人在讀這些訊息。對我和孩子們來說，這是我們的小祕密，就像執行什麼祕密任務一樣。在如此艱難的時期，它給我們帶來了一絲溫暖。」

付諸行動的愛

達賴喇嘛（Dalai Lama）著名的建言是：「如果你想讓別人快樂，那就練習同情心；如果你希望自己快樂，也要練習同情心。」

相較於讀到加油便利貼的女士，克莉絲汀和她的孩子們從中得到的樂趣可能更多，而且給她帶來極大的益處：她透過同理他人和實際的行動來避免陷入同情昏睡。她所做的不過是表達同情心而已。

同理心適用於廣泛的經驗，可以是喜悅，也可以是悲傷，然而同情心則專門針對他人的心痛和痛苦，這個詞源自拉丁語，意思是「一起受苦」。

雖然同情心的出發點有點像是企圖減輕自己所感受到的痛苦，有時效果顯著，但有時卻沒什麼用。

同時，同情心可能成為善良和慷慨的無私行為背後的動力。

利他主義可以被定義為「付諸行動的同情」，為他人的福祉服務。德蕾莎修女（Mother Teresa）說：「如果你友善，人們可能會指責你有不可告人的動機。不管如何，還是要表現友善。」

透過為他人做好事而使自己快樂，這似乎也可以說是自利行為。寫下這些字句時，她正替自己減輕痛苦的治療經歷，而她的孩子們也是如此，因為他們不得不面對失去母親的恐懼，然而，他們這麼做還是出於對他人的同情心和助人的動機。

這些友善的字句很可能幫助其他女性，讓冰冷無情的過程變得稍稍溫暖些。你永遠也猜不到這些善意的舉動會帶來什麼影響，這就是付諸行動的無私之愛。

同情的要素

達賴喇嘛有關同情心的論述，得到了科學的支持。透過大腦成像，神經科醫生已經表明，當我們看到有人向慈善機構捐款時，大腦中的愉悅中心與我們自己收到錢時一樣活躍。當我們捐款給他人時，我們的幸福感比把錢花在自己身上還要高出許多。換句話說，「給予的快樂」有大腦解剖學的基礎佐證。

科學家將同情心視為一種人類的卓越能力，不僅使我們能夠確保生存，還能讓我們感覺良好。他們認為同情心涉及以下五個要素：

- 認知到另一個人正在受苦。
- 了解人類的痛苦是普遍存在的，是所有人類都能夠且會經歷的事情，因此要以同理心看待。

- 對受苦的人有同理心。
- 可以容忍他人不愉快的感受（例如憤怒、痛苦、恐懼和羞恥），並允許自己做些什麼來幫助受苦之人。
- 採取行動來減輕痛苦。

這些要素可以幫助你了解同情心並非遙不可及、也不是什麼值得大驚小怪或什麼靈性大師才具備的能力。

即使是現在，你可能仍會想起一些牽動你心弦的事件，喚醒你內心存在的這些要素。回想一下前面關於無家可歸的青少年們在街頭流浪的故事。就像他們一樣，同情心是根植於你體內的本能，等待你的發掘與打磨。

善良的練習：慈愛冥想

同情心是可以擴散出去的，因為這種能力可以透過與他人互動而習得。另一種擴展同情心的有效方法，就是古老傳統所發展出來的冥想技巧。

慈愛冥想是一種源於佛教、古老而美好的核心修行。它簡單到任何人都可以做，即便是年幼的孩子，也可以發願讓他人擁有幸福，例如用祝福或祈禱的方式。

心理學家使用慈愛冥想來發展增強積極情緒的幸福技巧，研究顯示，這種方法可讓各式各樣的人獲益，包括經歷工作壓力、焦慮、抑鬱，創傷後壓力症候群（PTSD）和精神分裂症的人。

這是因為想像和引導對他人的愛和友善，會使你即便遇到困難時也不致於感覺太糟糕。慈愛冥想的目的是由內而外培養同情心。

這項練習不是專注於痛苦或苦難，而是從你對某物或某人敞開心胸接受愛意、情意和友善的感覺開始。你可以按照以下指示進行：

靜坐：首先以筆直的姿勢坐下，接著放鬆，以此姿勢喚起優雅、力量和尊嚴。輕輕將手放在膝蓋上，有需要的話，可以放在心輪處。利用幾分鐘的時間，調整你的自然呼吸。

專注於心臟和身體：將注意力放在胸部中間的心臟附近，也許覆誦諸如「愛」、「和平」或「溫暖」之類的詞語，當你這樣說的時候，請設想你關懷的某個人或事物，可能是孩子、所愛之人、寵物或令人安慰的對象。這樣會點燃情和愛的感覺，讓這些感覺散佈在你的整個身體中，溫暖地擁抱著你。

專注於喚起對自己溫柔的短語：讓關懷、慈愛和療癒的感覺沖刷過全身，輕柔地對自己說出以下任何話語，並探討它們在你內心引起什麼共鳴。

願我一切安好。
願我身體健康。
願我感到快樂。
願我感到平靜。
願我感到安全。
願我感到自在。

願我感到被愛和關心。

將溫柔擴展到所愛之人：設想一個所愛之人或能喚起喜愛或尊重的人，給他們溫暖和關懷的感覺，並用類似以下的話語來祝福他們：

願你一切都好。
願你身體健康。
願你感到快樂。
願你感到平靜。
願你感到安全。
願你感到自在。
願你感到被愛和關心。

祝福陌生人安好：向某個你不認識的人表達溫暖的善意。對方可能是你平常不會特別注意的人，例如地鐵上的通勤者、過馬路的人、超市的收銀小姐。重複上一列表中提供的話語：願你一切都好……

祝福的對象包括引起你不適的人：回想你與之抗爭的人，甚至可能是你覺得煩人的對象，像是公婆、同事或電話推銷員。一開始，不要專注於傷害過你的人，透過訓練，隨著時間的流逝，你可能會準備好將此人增添到你不斷擴大的溫暖圈中。重複這些話語來祝福對方：願你一切安好……

將祝福延伸到全世界：擴大溫暖的祝福到更廣大的社群，無論是教會團體還是一座城市，最終可以包括整個世界。

回歸到你的身體和你的生活：當你把意識帶回自身時，請複誦祝福自己安好的話語。讓慈愛放鬆的感覺流淌，然後專注於自己的呼吸，以結束訓練。慢慢睜開你的眼睛。

就像克莉絲汀的字句一樣，有些慈愛的訊息會留下來，有些則不會。說到底，最重要的是你的發心和愛。你可以藉由祝福他人安好，點燃對他們的正向感覺，隨著時間流逝，這些會造就善良和同情心的行動。

慈愛冥想可以成為每日的禱告、對另一個人欣賞的時刻、或者是鍛煉同情心的個人練習。這個訓練的優點在於，它可以超越時間與空間，在任何狀況下帶來暖心和溫柔的感覺，讓你瞬間憶起自己是偉大整體的一份子，從而知道之後該怎麼行動。

反思

我選擇去感受慈愛。我向全人類敞開我的心胸。

第6章

用想像力創造情感對象

當我對善良感興趣的消息傳開來後，我的社交網絡頓時成了「善良偵測網」，我不斷地被標記、私訊，也有許多人用電子郵件寄相關的故事給我。很顯然的，一旦你開始發掘善良，就會發現善無所不在。

一段網路瘋傳的影片「縫紉希望」完全讓我著迷，我看了幾十遍，並且分享出去，然後也給每個來我家的孩子看。

一個名為坎貝爾的十二歲澳洲男孩為病童製作填充玩具，這些玩具都是他親自縫製的，而且三年之內就捐出了超過八百個。

坎貝爾最初的靈感是為病童購買聖誕節玩具，但是他自己本身有八個兄弟姊妹，所以沒有多餘的零用錢可用來買禮物。

坎貝爾如何解決這個問題？他決定自己做玩具。

坎貝爾借用了母親的縫紉機（雖然他根本不知道該怎麼使用），然後再上Google搜尋動物玩偶的圖案。他花了五個小時才做出第一隻動物——一隻瘦小、破爛、歪七扭八的熊玩偶。

越做越多，熟能生巧後，坎貝爾現在一個小時就可以做好一隻動物，而且設計還很特別，拿去放在吉姆．漢森（Jim Henson）[1]的玩偶商店展示也不為過。他的目標是在一年三百六十五天內，每天做出一隻動物。

坎貝爾的母親說：「他看到悲傷的事情，就試圖翻轉它。」比起像是玩電動遊戲這種課外活動，他更喜歡縫製動物玩偶，而且欲罷不能。

「如果我說『不要做』，他反而會偷跑去做。」他媽媽笑著說。

最初，坎貝爾工作賺的錢只能買布料，直到消息在社群媒體上傳開，很多像我這樣的人才開始捐款幫助他支付這些用品。

坎貝爾前往當地的兒童醫院，親自運送玩偶。

他用善良和好奇心吸引孩子，引導他們走出來。他比大多數的心理學家或受過多年訓練的醫生都更會傾聽、肯定和提出簡單的問題。

當他探視一位正在接受腦瘤治療的女孩時，他問道：「妳感覺怎麼樣？」女孩回說自己很好，而她取名為櫻桃玫瑰果的熊也很喜歡睡覺。坎貝爾說：「她好像把這隻熊當成真的熊一樣。」

這正是他製作這些填充玩具的目的，當這些孩子們歡喜收下他製作的玩具後，玩偶就走進他們的生活，成了他們休戚與共的同伴。

愉快的付出

正如肯尼・羅賓森爵士（Sir Ken Robinson）曾經觀察到：「我們已經發展出這種強大的想像力，使人們能夠想像出外在所沒有的東西。隨之而來的是各種力量，例如創造力以及與眾不同的同理心。」

坎貝爾的想像力是融合創造力和同理心的超能力。羅賓森讚揚這種應用的想像力，也就是孩子將創意變為現實的非凡且自然的能力。

1 吉姆・漢森（Jim Henson），美國著名木偶師，也是木偶劇《布偶歷險記》系列之父。

坎貝爾製作的動物玩偶，是讓想像力顯化的完美典範：坎貝爾享受製作工藝品的每一分鐘，玩具讓這些孩子暫時忘卻身體的苦痛，提供無形的安慰。他真心喜愛幫助他人。

這些孩子們的故事，給予我們深刻的教導：當你從事有意義的任務時，你會感到全心投入、改頭換面。你的付出是快樂的。

富有想像力的同理心

想像力始於童年時期最初的移情對象：毛毯、泰迪熊、洋娃娃、安撫奶嘴。這些物品讓我們感到安適，是我們一開始展現創造力、想像力和角色扮演的對象。心理學家D．W溫尼科特（D. W. Winnicott）稱它們為「過渡對象」，任何父母或照護者都知道這些物品對於減少分離焦慮和大部分的恐懼感有多麼重要。

坎貝爾下意識展現了它們的力量。用具有創意的方法，與移情對象創造聯繫，會喚醒同理心中常被低估的面向：想像力。這種能力可以讓我們把自己和書籍、電影和故事中虛構人物聯繫在一起。

同理心與想像力之間的關聯，解釋了為什麼三到七歲的孩子中，有三分之二會擁有假想的同伴，無論是看不見的朋友，還是擬人化的物體。

孩子們愛他們的「朋友」，即使他們知道真實與虛假的區別，他們依然喜歡這麼做。孩子某程度上愛著這些對象、與這些對象緊密相連，這對他們造成了深遠的影響。

發育心理學家崔西．格里森（Tracy Gleason）說：「孩子與虛構的朋友會一起做許多事，其中一項就是練習他們想要搞懂的事情，尤其是年幼的孩子對友誼的理解還不夠。」

許多人認為有假想同伴的孩子是活在自己世界的怪咖，然而研究卻顯示事實恰恰相反，因為這些孩子們的詞彙量較大，較會社交，而且比較善於理解他人的觀點。

「有了想像中的同伴，孩子們會談論他們在一起做的事、他們喜歡一起做什麼，或是有時候他們的同伴不想玩。他們會想要理解，當有人不想和你一起玩時，意味著什麼？被拒絕的感覺又是如何？有很多事物他們都想搞清楚。」

這個情況不會在童年初期打住，青少年通常會想像與名人或媒體人物的關係，稱為「超社會關係」。

「假設你自己是十四歲。」格里森說，「在你的腦海中，你與珍妮佛・勞倫斯（Jennifer Lawrence）是非常親密的朋友。當然，你知道這不是真的。你閱讀了很多關於她的資訊，你觀看她的作品，上網查看所有社交媒體中有關她的報導，你甚至會把有關人生的思考投射到對方身上，例如『珍妮佛在這種情況下會怎麼做？』像是把她當作自己做選擇的測試者一樣。」

想像力甚至可以幫助成年人解決各種問題，尤其是在人際關係方面，因為格里森斷言：「成為一個人的本質，就是與他人建立聯繫。」

痛失親人的寡婦通常會想像自己已故的配偶仍在她的腦海中與她交談，依照目前生活中發生的事情進行對話，並想像配偶會說些什麼。格里森指出，雖然這有部分可能是出於分離焦慮，但是與人共同生活多年以後，假想的連結是建立在現實的變化之上的。

因此，即使在配偶離去後也要維持下去，在短期內是可行的。比起沉浸於回憶或活在過去，這樣做更能幫助喪親者度過現狀。

以湯姆・漢克斯（Tom Hanks）在電影《浩劫重生》（*Cast Away*）中的角色為例，他的排球威爾森讓他免於孤獨和絕望，並且保有生存意志。你也可以想像有個與自己志趣相投的人，能夠與你互相溝通並從中學習。

想像力會透過這種方式，讓你對自己與他人更容易展現同理心和善良。

善良的練習：想像親切的安慰和指導

回想一下你的生命經驗。你是否會依賴一些對你而言無價的珍寶，例如照片、念珠、珠寶、舊運動衫或珍貴的紀念品，利用這些東西與所愛的人建立聯繫？

這些移情對象與感官、情感、思想和記憶緊密相關，充實了你的想像力。你可以透過對一件物品注入安慰、愛與智慧，例如一顆石頭、一根羽毛或一尊雕像，刻意創造這些關聯。

即便你已成年，你仍可以利用想像力的奇蹟，和自己成為朋友。當生活面臨挑戰，或是必須從失落和創傷中恢復時，這個方式特別有幫助。

我們都需要一個善良且明智的朋友照顧我們，尤其是來自內心的朋友。以下是與之建立聯繫的冥想：

首先，坐在舒適的位置，並以直立的姿勢保持力量、優雅和尊嚴。開始放鬆。進行幾次深呼吸，緩解緊張感，讓你的腦海變得安靜，並保持放鬆和自然呼吸。

想像一下：你正在寧靜的地方散步。你感到祥和、滿足和安全。你可能更喜歡樹林中的安靜小屋、山腰上的棲息處、一間樹屋或一處山洞。

當你準備好後，邀請一位友善的同伴加入你，讓這位朋友的形態自然浮現。無論他是什麼樣貌。他可能是過去認識的人，例如祖父母、導師或老師。你也可以想像一位仁慈的宗教人物、一位神明、一位天使、一個超級英雄、一個精神嚮導或一隻強大的動物。

你可能只是感覺到存在、看見明亮的光芒或感覺被溫暖的毯子包覆著。允許一個聰明且友好的人接近。誰最了解你？誰一直以某種方式理解你？感受這個同伴關心並完全接納你，而你也信任並尊重這位同伴。請接收這種相互關懷的感覺。

記住你面臨的疑問和問題。向你的同伴尋求幫助。有耐心地聆聽一個答案，讓同伴以自然的方式與你對話。

可能會有一句話浮現腦海。也許你會感覺到答案，又或者這位同伴會引導你進入一場充滿象徵意義的想像冒險。

請保持開放和好奇心。

感謝這位朋友。並想像你將如何運用同伴的建議。

觀察可能遇到的障礙，考慮採取哪些行動有助於你、你可能關心的其他人或者引起你擔心或惱怒的人。

想像一下。你從假想中的天堂回來，在安全和舒適的感受中休息一陣子，了解當你需要指導時，就可以召喚這位同伴。

藉由你的心靈之眼，慢慢離開那個情境，回到你坐著的房間。

睜開你的雙眼，回想一下對你有意義的事情。拿出日記本，記錄下這些經驗和洞見。

拉爾夫・沃爾多・愛默生（Ralph Waldo Emerson）[2]曾說過：「人要傻一點、誠實一點、友善一點。」發揮孩子般想像力的力量。利用你玩樂和創造的天性來培養溫柔的意識。

就像坎貝爾的動物玩偶一樣，假想的同伴可以成為情感依附的對象，並喚起善意、友誼和關懷的感覺。

任何時候，你都可以邀請你的同伴握住你的手，在你的身邊行走或坐在附近，提供建議、慰藉和鼓勵。

正如坎貝爾所說：「我認為表達善意、對人好一點，這麼做可以改變世界。」這一切都始於你無拘無束的想像力。

反思

當我遇到困難的時候，我會想像著身邊有一位靈魂伴侶。

2 拉爾夫・沃爾多・愛默生（Ralph Waldo Emerson），美國思想家、散文家、詩人、演說家，愛好自然，崇尚心靈與內在價值。

第7章 親人般的歸屬感

有一個能為我帶來舒適、趣味和安全感的樹屋。

我最好的朋友海蒂是我在幼兒園第一天認識的，她的父親在一棵離地面十二英尺的老橡樹上方建了一個樹屋，我們會聚集在那個藏有書籍和美術用品，專屬於我們的祕密基地。

不過，海蒂的家庭提供給我的不僅是一間很棒的樹屋，當我父母離異時，她的家人還讓我看到另一種家庭生活的面貌，給予我基本的安全感，讓我安心展開童年該有的探索。他們給了我真正的慰藉，這是一份寶貴的禮物。

因此，當一個朋友告訴我關於麻薩諸塞州西部伯克夏郡的樹屋社區（一個有六十戶的住宅建案）時，我立即被迷住了。

事實證明，在社區中我並不孤單，「對我來說，在樹屋的日子是個快樂的童年，」創始人茱蒂．科克頓（Judy Cockerton）告訴我，「當你爬上一棵樹，進入這個奇妙的小小安全空間，然後眺望地平線和景觀，你便能夠用嶄新的視角看這個世界。」

科克頓有很廣大的遠見。透過樹屋社區，她希望重新構想整個兒童福利系統。「我想創建一個跨世代社區，能夠將兒童從寄養系統轉移到永久、充滿愛心的家庭中：一個不斷注入希望、夢想和遠景，能夠改變兒童生活和發展的社區。」

該社區有一百多人居住，包括家庭，兒童、青少年和幫助孩子們擺脫困境的老人們。

從科克頓與我交談的那一天起，她就被樹屋孩子們發來的短信所吸引。那天晚上有個節日慶典，他們忙著準備。

「我好期待今晚的活動！」

「我已經準備好我的粉紅色洋裝了。你有八號大的粉紅色鞋子可以借我嗎？」

「我是不是得穿西裝？」

我可以從電話的那頭聽出科克頓的喜悅。

「他們有社區、有朋友、有家庭，有一個可以感到安全和歸屬的地方。」

如今，一個超酷的樹屋誕生了。

志趣相投

我們需要彼此。感覺自己必須謀取整個社群的福利，需要偉大的智慧。正如科克頓所指出，「這才是生活應有的方式：大家都關心彼此的健康和福祉。」

我的朋友瑪麗安也同意。十多年來，她一直讓受刑人的孩子和青少年與退休的成人導師彼此搭配。

「長期以來，我們總是把長者與青少年分離。我認為現在人們應該學習到，當我們把不同年齡層的人聚在一起，就會出現成長的契機，讓我們能夠重新出發。」

瑪麗安每天都看到隔代導師制的互惠，創造一個安全的空間，讓大家的關係更緊密。她觀察到：「一開始大家充滿了不信任感。有時，孩子們會試探導師，例如『你會不會回來？』如果對方說不，他們會表現得有些不對勁。有很多年輕人，甚至是七歲小孩，都覺得自己不討人喜歡，或懷疑自己有問題。有時僅僅是簡單的對話、露面，或是一起從事某些活動，都能表現出善意，不一定要是多麼了不起的事情。」

對社群關懷的渴望早已深植我們心中。很久很久以前，隨著一群人行進穿越稀樹草原、沙漠和山脈，孩子們會被抱住、揹著並且從一個人傳到另一個人。這種被包裹在背帶或揹巾中，在肩上或握著手的感覺，是一種高觸感的照護，在不同性別和世代之間共享，包括母親、父親、姑母、姨母、伯母、嬸嬸、姑父、姨父、伯父、叔父、祖父母、兄弟姊妹和近親。

這種嚮往自己和彼此回家的渴望被生態哲學家喬安娜・梅西（Joanna Macy）形容為「親密的相互歸屬」。

親屬，親人，親屬相關的，親屬關係，其中的「親」是指「相同」、「關聯」和「同類」，它喚起對他人的親密和友善。從字根上來說，「善良」（Kindness）一詞與「親密感」（Kinship）密不可分，也跟社群有關。

人際間的社交網絡

無論你的遠祖是住在洞穴、樹屋還是帳篷中，演化歷史學家都清楚地知道人類已經適應環境，並且透過相互幫助和結盟來生存。

在人類緩慢的發展歷程中，社群中最有愛心的成員（確保親戚和孩子得以倖存的那些人）推動了這些照顧基因的發展。

物競天擇，讓人類發展出親社會的特質，例如同理心、善良、分享、合作遊戲、相互理解、接受觀點和信任。

靈長類動物學家和演化理論家蘇珊・布拉弗・赫迪（Susan Blaffer Hrdy）提出，人類是憑藉著緊密的群體合作而蓬勃發展的。

她將這種優勢歸因於異母撫育或異親撫育，即指由生母或生父以外的其他照顧者擔任照顧的角色。我們發現團結所帶來的力量。茱蒂・科克頓的成功案例恰恰證明了這一點，而且她還擁有另外四個樹屋社區正在進行中。

同時，在社區生活可能會感到困難。許多人在家庭的難關中遭受壓力，而我們在童年時期的壓力越大，對身心健康的影響就越大。

具有重大意義的負面童年經驗（Adverse Childhood Experiences，簡稱ACE）研究於二十年前開始進行，它簡單的十項問卷涵蓋了令人心碎的經歷，包括虐待、忽視和家庭功能障礙。該研究發現，在超過一萬七千人的調查中：

- 六十四％的成年人表示在十八歲之前發生了至少一次負面童年經驗，而十二‧四％的人有四次或更多的ACE。
- 二十八％的成年人表示曾遭受身體虐待。
- 二十一％的人坦承被性虐待過。
- 十九％的家庭成員患有精神疾病。

ACE很常見。將近三分之二的美國人在十個事件中的ACE得分為一，而我們許多人（包括我自己）的ACE得分更高。

然而那些分數表示至少四個事件的成年人，其身心健康問題的風險最高。科學明確地表示它們產生的後果：它們會觸發體內的慢性壓力反應，改變免疫功能，並影響大腦化學反應。這項研究迫使兒科醫生納汀．伯克．哈里斯（Nadine Burke Harris）發出號召，在定期體檢中對全國所有兒童進行ACE篩檢。哈里斯說：「孩子們對這種反覆的壓力啟動特別敏感，因為他們的大腦和身體正在發育。大量的逆境不僅影響大腦的結構和功能，還會影響免疫系統的發育，荷爾蒙系統的發育，甚至會影響DNA的讀取和記錄方式。」

「與擁有零ACE的患者相比，如果我的患者的ACE得分為四，則她患肝炎或慢性阻塞性肺病的可能性是其兩倍半，而患抑鬱症的可能性是其四倍半，嘗試自殺的可能性則變為十二倍。」

了解問題後，才有可能找到治療方法。該研究的共同創始人之一羅伯特．安達（Robert Anda）說，只要可預見，就可以預防。

ACE得分高，並不意味著要終生承受這種痛苦。

這些分數指標可被利用於設計一些應對措施，例如預防服務、抵禦能力訓練、自我同情心練習、打破隔代壓力循環，以及在社區和學校中使用創傷知情的政策和計畫。

寄養兒童是最弱勢的人口，迫使心腸好的茱蒂．科克頓採取行動，給他們提供安全的空間。對於科克頓而言，關鍵在於提供基本需求：安全、愛、歸屬，還加碼贈送幾雙粉紅色的舞鞋。

善良的練習：創造安全的空間

無論你身處人生中哪個階段，與他人建立親密關係並感到安全都是最基本的。你或許會想知道自己的ACE分數。你可以輕鬆地在網路上找到調查表，並與醫療服務提供者討論結果。

以下練習，可以幫助你注意到生命中何時以及如何獲得慰藉和安全感。

首先，思考一下在你人生中感到安全和被眷顧的時刻。那是什麼樣的感覺？是誰支持著你？有沒有你可以信任的人？或許有一個人讓你感到被愛和安全，總是照應著你，或是提供你「世界是友善之地」的生活觀點。什麼地方可以安慰你呢？也許是一個童年遊戲屋、衣櫥中或者是床下的一個角落。有沒有令你放鬆的活動？例如用蠟筆著色，或是聽某一類型的音樂。

拿出日記本，在善意和溫柔的情況下，完成這句話：

當我記起……時，我感到舒適和安全。

幾年前，我給海蒂的媽媽寫了一封信，感謝她在我早年的生活中給予許多幫助，她是我這些鄰居中其中一位等同於母親的存在。

梅爾太太現在已經七十多歲，幾十年來我都沒有見過她。當她回信說希望更了解我或給我更多支持時，我感到很驚訝。其實她的這項舉動對我來說就很足夠了，我需要的不過就是這種自然的關懷。

我們可以刻意創造像樹屋社區這種社區模型，也可以將社區中多個世代的人聚集在一起，向世界證明，當我們記得我們相互屬於彼此時，可以造就什麼樣的結果。

正如科克頓所預期的，善良正庇佑著某人的生活。

反思

對他人的善意，就是感覺像他們的家人一樣。當我這樣想時，我就能送出祝福到某人的生活中。

第二部

樂於關懷的大腦

第8章 重置壓力

退伍軍人賈斯汀．布拉茲說道：「當我們從戰區回來退伍時，我們立即失去了同袍、社群和家人。沒有人了解我們。這就是為什麼退伍軍人變得如此孤立，還有美國為什麼有這麼多自殺案件的原因。」

這就是布拉茲在全國為退伍軍人及其家眷創立瑜伽課程的契機。

「免費的社區課程，讓我們這樣的人能夠共處，替彼此打開一扇門。這些人發覺，這裡沒有批判，有許多跟他們相同處境的人也在這裡做瑜伽，所以瑜伽一定有什麼作用，那是他們來的唯一理由。」

在這個過程中，他們與布拉茲有相同的收穫。

「通常一個士兵出兵一次、兩次，至多三次就已經夠了。十年來，我去了伊拉克和阿富汗不下四十次。」布拉茲輕描淡寫地說，「壓力不斷攀升。在軍隊裡，你會被訓練到可以在超出一般人承受範圍的高壓下動作。當你體內每個細胞都跟你說要逃跑時，受過訓練的你，會反常地朝危險走去，這種感覺很難說關掉就關掉。」

隨著時間流逝，布拉茲累積了許多創傷和戰鬥壓力，他變得暴躁、刻薄，覺得自己都不像自己了。

於是，布拉茲的室友邀請他來參加瑜伽課。

「瑜伽對身體來說很有挑戰性，所以很吸引我。加上它對我的傷口幾乎沒有影響，所以我可以做到。每當課程結束後，當我做大休息（Savasana）——像屍體一樣攤開成大字型的躺姿時，我感到多年以來從未有過的休息和放鬆。初步接觸瑜伽後，我便想做更進一步的學習。」

對於布拉茲來說，學習如何在身體和精神上「重開機」，正是長年處於高腎上腺素狀態後的他所需要的。布拉茲的身心靈各方面都開始改善，也發現自己對自身和他人更加友善和溫柔。後來，他成了一名具教師資格的瑜伽老師。

「我有義務回饋給人們，如果還有其他人快承受不住我曾經面對過的事情，那麼我就必須幫助他們。」

於是他開始了他的非盈利性計畫 VEToga，為退伍軍人及軍眷提供瑜伽課程和教師培訓。

你的內部警報系統

慢性壓力狀態會導致身體損耗，甚至可能導致嚴重疾病。慢性壓力對精神和情緒的影響也會令人痛苦，讓人很難專心一致，甚至還可能因為無法達到生活要求而瘋狂。如此一來，要感受到友善或同情心更是難上加難。

這是因為當你的內部警報系統處於生存模式，而且開關被卡住，讓警覺系統始終處於打開狀態時，你會過度忙於對壓力做出反應，致使無法以平衡的觀點做出回應。你無法調用大腦新皮質的較高區域，例如前額葉皮層（PFC），它可以使你意識到自己的想法、洞見、做出規劃、具備社交意識並同情他人。

過程是這樣的──

最早出現的生物，為了應付掠食者，必須發展出短暫迅速的壓力反應，否則就會導致死亡。

這種生存本能存在於邊緣系統中，包括杏仁核、下丘腦、基底神經節和海馬體。無論你有沒有意識到，邊緣系統總是處於打開狀態，可以讓人保持警覺並掃描環境。遇到威脅的事物時，邊緣系統會觸發警報系統的開關，讓你透過戰鬥或逃跑，甚至短暫昏迷，來快速因應壓力。觸發警報後，海馬體會將你的反應烙印到記憶和生物經驗中，以免忘記自己曾遭遇過類似的危險。

然而這個機制也會使你感到恐懼，這就是為什麼你對童年時期發生過最痛苦的事情會印象如此深刻，以及為何像布拉茲的經歷，即使在結束後仍然如此強大的原因。正如他所說：「我無疑是被困在戰鬥或飛行中了。」

你可能拚命在這高壓和熙攘的世界中確立自己的方向，又或是正面臨著內在威脅或負面的思維習慣。無論是否意識到這些想法，我們都會在毫無助益或批判性的思維中循環，自找痛苦。

那是因為我們的邊緣大腦也將有害的內部條件解釋為威脅。你可能會被全球性的負面新聞所淹沒、擔心孩子的大學學費、不知道能否在期限內完成工作，又或是對自己的身體、愛情生活或職業持續抱著自我懷疑的態度……

邊緣系統鼓勵你對壓力做出反應的方式在短期內是適用的，但若經常處於高度戒備狀態時，就沒有機會在面對下一個壓力到來前，從上一個充滿壓力的經歷中恢復過來。

高水平的壓力荷爾蒙會嚴重影響身心健康，因為你天生就無法承受長時間的壓力。如第一章所述，這種持續不斷的壓力反應會讓人處於「同情昏睡」的狀態，使人的正向同理心和善良短路。

布拉茲指出：「在戰鬥或飛行中，你會處於絕望狀態。我看到自己很暴躁、對他人敏感、非常刻薄。那不是真正的我，讓我很沮喪。」他需要學習如何休息和恢復自身的平靜。他必須重新訓練自己的大腦。

你可以重置壓力

如果你生活在慢性壓力下，那麼你並不孤單。美國心理學會報告顯示，現代人的壓力水平是前所未有的高。即使這樣，你也可以在不改變生活方式的情況下進行補救，但首先要注意壓力和放鬆對身體的影響。

回想一下，當你從事有壓力的活動時會有什麼反應，好比公開發表演講、初次約會或看到簡訊爆炸。

一連串反應立即發生，釋放出壓力荷爾蒙的訊號。你可能會感到心跳加速、瞳孔放大、免疫抑制、消化減慢、頻尿、視覺受限以及聽力下降或麻木。無論反應為何，這都是因為你的身體正在努力透過自律神經系統使你恢復平衡。

該神經系統有兩個分支：交感神經系統使你有活力地採取行動，使你準備好迅速做出反應，以應對戰鬥或逃跑；副交感神經系統則可以讓你平靜下來。

這個「冷靜和協調」的過程調節著各種事物，包括你的呼吸和心跳，並觸發神經化學物質（包含多巴胺、催產素和血管升壓素），從而使神經平靜。但是在某些極端情況下，一個人的副交感可能會關閉，引發麻木或弱化反應。視情況而定，自律神經系統可以充滿活力和動力，也可以使你失去自我保護的能力。

在大多數情況下，我們大多數人不會面臨極端壓力或親臨戰場，而是日常生活的麻煩瑣事。透過有意識地參與我們的內部冷靜和協調系統，我們可以學會平衡典型的壓力反應。它可以安撫你，幫助你休息、處理經驗以及在身體、心理和情感上煥然一新。

你可以激活它。正如布拉茲指出的那樣：「各種應對機制，例如瑜伽、冥想、正念、在大自然中散步、花時間陪伴你的狗和所愛之人……都會開啟你的副交感神經系統。它提供了不容小覷的益處，就像甜甜的糖果一般，你不會知道它帶來的究竟是什麼，但它能使你在各個方面感覺良好，也讓內心更加平靜。」

當你的身體系統處於規律狀態，並且透過注意這兩個基本狀態來關心自己時，你將變得更容易對他人做出貢獻，能夠照顧並扶助他人。

照顧和扶助也是對平靜和協調系統的適應性反應，在面對威脅的情況下，我們本能地保護、關懷或撫慰兒童和所愛之人，或者在我們社會群體中尋求他人的安全。我們也可以透過自我同情心，有意識地與自己成為朋友，我們將在第十章中看到，有意識且善於管理自己的壓力，會打破同情昏睡狀態，使你自然而然變得更友善。

善良的練習：你的壓力型態

先認知到自己會有什麼壓力反應，你就可以學習如何以有益的方式應對壓力。如此便可以盡早覺察。以下是有助於覺察的方法：

選擇最近一個情緒沮喪或充滿壓力的事件，這個事件具有輕度或中度破壞性。

在你的日記本中，畫一個人物線條畫或身體輪廓。

寫下或畫出你沮喪時所經歷的任何感覺，或回想當下產生的任何感覺。

你的壓力型態對你來說是獨一無二的。你可能會咬緊下巴、感到肩膀緊繃、身體發熱、難以入睡或感到困惑，或許變得脾氣暴躁或生悶氣、消化系統不適、背部或頸部疼痛、社交孤立。

在思考壓力的多種影響時，你可以使用以下一些提詞。

你的壓力型態是什麼？

- 如果壓力是一種顏色，那會是……
- 想到「壓力」一詞，我腦海中浮現的畫面是……
- 我的壓力症狀包括……
- 我在身體的這些部位感到壓力……
- 當我在情緒上感覺……時，我就意識到自己正處於壓力狀態。
- 壓力的第一個徵兆是……
- 當我感到壓力時，我的想法會變得……
- 其他人可以看出我感到壓力，因為我……
- 當我感到壓力時，我會成為那種……的人。

有了這些描述，在接下來的一個禮拜內，請注意當你開始感到壓力的時刻。僅僅透過注意壓力，這麼做會給你帶來什麼影響？

現在你已經知道身體的警報系統如何運作，並且可以認知到自己如何因應壓力，如今的你已被賦予力量。

正如有人說：「只要能夠覺察，就能夠獲得療癒。」這就是賈斯汀．布拉茲迷上瑜伽和正念練習的原因：它們抵抗了他的壓力，恢復了他的身心靈。事實證明，這對於其他患有創傷後壓力症候群的退伍軍人同樣有益，並且使他自問：「我如何與他人分享我所獲得的禮物，然後也讓其他人盡可能與更多人分享？」

當布拉茲意識到自己的平靜會對家人、社群以及周遭每個人都產生重大影響時，他就打破了「同情昏睡」的狀態。而你也可以做到。

反思

雖然我充滿壓力，但也想要放鬆。我可以在生活中培養些什麼來使自己更放鬆？

第9章

與你的感官做朋友

某個夜晚，我和女兒喬西開車上山，去觀賞一個罕見的天體活動（紅色的超級月亮加上月蝕）。

為了紀念這個時刻，我們各自寫下自己的願望，一頁一頁地點燃，向比我們更偉大的力量祈禱願望實現。然後，喬西和我倚著車，望著天空，等待地球的陰影慢慢遮住月球。

「妳寫了些什麼？」我問她。

「不告訴妳。」

「好吧，很公平。」

我們將剩下的火柴點燃來玩。

我們彷彿聽到遠處土狼的嚎叫，還試圖在被城市照亮的天空中找尋星座。我們投入所有感官，每個感官系統都完全處於接收模式。

過了一會兒，喬西好奇地問：「我們看起來這麼渺小，是否做什麼都無法影響這個世界？」

我反駁說：「妳難道看不出來我們與整個宇宙、每個人以及我們所做的每一件事都是完全相連的嗎？」

我永遠記得那天晚上。

蟋蟀的叫聲、松樹的氣味、溫暖的晚風、布滿星光的天空、像黑色硬幣的月亮。我和我的女兒肩並肩坐在汽車引擎蓋上，探討著哲學性的問題，提醒著我們是完全清醒並充分活著的生命。

感官可以作為一種信號

正如魯米（Rumi）[1]所說：「身體就是心靈所居住的房舍。」當我們暫停思考的時

1 魯米（Rumi，1207-1273），伊斯蘭教蘇菲派神祕主義詩人。

間長到足以重新連接到身體時，我們就會發現居住在那裡面的心靈。

你的身體是一具敏感的儀器，能夠熟練地對內部和外部感知做出反應。「覺察力」一詞，表示你能夠有意識地感覺、看見、聽到、聞到、觸摸和品嚐。這些感官是人類的基礎。尊重這種自然敏感性的力量，你便能更加了解生命的偉大及重要，進而有能力去引導它。

冥想老師塔拉．布拉奇（Tara Brach）寫道：「存在感是我們天性固有的意識。透過感官感知，存在對我們來說是當下且具體的。」

有了專心的意識，你可以邀請自己進入當下。感覺是身體的語言。與其不斷在內心喋喋不休，讓自己陷入過去或不確定的未來，你可以單純地感覺此刻。比起沉迷於可能延長或擴大痛苦的反應鏈，你可以回到心靈的房子。

透過傾聽自身的感受，在做出詮釋和回應外界前，你可以獲得讓自己身體活在當下的技巧。布拉奇描述了三種「活在當下」的品質：

- 時時刻刻保有覺知；

- 對生命之流敞開；
- 溫和地回應生活中的歡樂和悲傷。

這種外在的智慧激發了內在的智慧、直覺、同情心、創造力以及共感他人的能力。因此，請善用好奇心與求知欲，與你的感官交朋友。

你的第六感：覺知

在忙碌且壓力大的時期，你可能會因為忙著適應環境而忽略一切。當你狹隘地關注當前需要管理的內容時，便會忽略可使你感到快樂、投入和親密的體驗。

當你欣賞牆上的海報、傾聽青少年說話，在喝咖啡前先嗅聞一下它的香味，嚐一嚐牙膏清爽的味道，或是觸摸你下方的毯子時，你的感官都為你提供源源不斷的資訊，無論你是否意識到，你都會本能地將每個資訊評估為令人愉悅、不快或中性的。這些判斷會決定你如何記住過去、體驗當下並面對未來。因此，你的感官不僅是生存的關鍵，也是使生命繁盛的關鍵。

你的感應系統可以識別身體的感覺，甚至連透過想像所產生的身體反應都可以被感知到。這種意識稱為內在體感（interoception），它在無意識和有意識的情況下都會發生。

史蒂芬．伯格斯（Steven Porges）[2]將內在體感描述為「第六種主要感官」。它的主要部分是迷走神經，形成從大腦到內臟器官的感覺和運動路徑。溫柔地適應身體感覺（單純地觀察身體給予的信號），就會增加內在體感。

重點是一切必須發生在**沒有任何評估或判斷**的情況下。某些人可能對內部身體狀態過度敏感，或是太刻意去區分感官感受，導致焦慮或恐慌，使邊緣系統超速運轉，讓當事人無法連結到平靜與整合系統。

正如創傷專家貝塞爾．范德寇（Bessel van der Kolk）所說：「當人們無法自在地注意到內在發生什麼事，就會變得脆弱，讓感官覺知停止運作或陷入恐慌，他們會為了恐懼而恐懼。」范德寇指出，當我們缺乏觀照感覺的能力時，我們最終會被這些感覺控制。

好奇、善良和溫柔地觀照感官感受，就能夠強化我們追求情緒平衡和適應的良善天性。我們發現，順應生活的發展並活在當下，不作反應或批判，就不會因困難的感受和感官刺激而迷失或失控，而這會令我們充滿安然自適的感受。我們會越來越喜歡這種「活在當下」所激發出對自我和他人的善良。

善良的練習：接受感覺

有時，你可能會覺得自己像是一個時空旅人，總是在顧慮過去、擔心未來。你可能會忘記與自己的身體對話。身體是能把你帶回當下的一種美妙樂器，能夠作為內在與周圍環境的橋梁。

活在當下的前提，就是要注意你此時此刻的感受。學習內在感知的技巧並增強身體意識，需要花時間練習。尋求老師、輔導員或朋友的指導可能會有所幫助。而「冥想」是與感官智慧連接的眾多方式之一。

花些時間來感知周圍的環境，感覺地面給予你的支持，開始了解你的感

2 史蒂芬・伯格斯（Steven Porges），美國生物心理學教授。

官：視覺、聲音、氣味、味道和觸感。

無論你現在在哪裡，開始四處看看。你在環境中注意到什麼？

注意一些細節，像是光線、陰影、顏色、形狀、動態、紋理……

注意周圍的聲音，例如你的身後、前方、周圍的一切……聽聽不同的音調和節奏，例如微風吹拂的聲音、車流的嗡嗡聲……

也許你會注意到氣味，像是芬芳的、令人回味的、濃烈的或者甚至令人不快的。無論如何，只要把注意放在嗅覺感官就好。

也許你在嚼口香糖或吃東西。如果是的話，請感受一下它的味道和口感。也許你正在體驗一些新的口味。

現在注意自己的世界。想像自己是一個看著你的友好觀察者。

注意你當下的身體感受，你現在感覺到什麼？注意體內的感受，是緊張、不適、麻麻的，癢癢的，還是有什麼微小的動靜。

感覺你的腳踩在地板或草地上。

注意身上的衣服質地。從這種被紮根的感覺出發，當你感知外部世界時，注意內部正在發生的事情，從而了解內部和外部現實。它們有何相關？只需要意識到即可。

做一個放鬆的深呼吸，吸收來自四面八方的所有感覺。意識到世界的生機勃勃，萬事萬物都互相關連，而自己也是當中的一份子。

隨著時間流逝，也許是由於負面童年經驗，你可能已經學會了將思想從身體上分離開來應對，使自己與周圍的世界失去聯繫。透過了解感官是有用的信號，你可以收回對生活經驗的控制和選擇，你將更有能力和平從容地前進。

只需要具體呈現的感官刺激，像是看到月亮高掛天空、傾聽海潮聲、烤片麵包、吃顆蘋果或穿著一件柔軟的毛衣，就能得到撫慰或靈感。如此簡單，就能讓你與身體連結，進而連結所有眾生和整個世界。

反思

我的身體是一個明智的使者。當我成為感官的朋友時，我能體認到生命的偉大，以及自己是世界的一部分。

第10章
情感矛盾

我完全記得我是什麼時候下定決心成為一名心理治療師的。當時我十一歲。很長一段時間以來，我的生活充滿了焦慮、憤怒，而我也對未來抱持極度悲觀的想法。

有段時間我拒絕上學，原因是想留在家裡保護媽媽，因為當時只要我在場，家裡就比較不會出狀況。

我被帶去給摩耶老師看過很多遍。那些諮商真是令人厭煩。我賭氣地不發一語，企圖用沉默來度過我的小學生活。由於我的注意力很難集中，所以數學成績一直原地踏步。

六年級時，我的父母分開了，父親最後離開了鎮上。我被升到高階數學班，這是不小的成就，當時的生活對我來說好多了。那本該是我自信萌芽的時刻。

在我到新班級的第一天，杜爾費太太正皺著眉頭分發紙張。當她沿著一排排的書桌走過時，我才意識到她正在發考試卷。我感到一陣恐慌。

我膽怯地舉起手。

杜爾費太太盯著我說：「妳有什麼事嗎？」

「呃，我一定得參加這項考試嗎？我以前沒上過這門課……」我小聲說道。

然後她說：「妳說什麼，親愛的？我聽不到妳的聲音。」

我高高地舉起手，勇敢地吼著：「我不知道這個考試要考些什麼，我今天一定得考嗎？」

她再次要求我重複一遍，我也照做了。

然而，杜爾費太太卻蹣跚地向我走來，一把抓住我的頭髮，把我整個人拉起來。我從頭到腳整個緊繃，看著她的嘴巴生氣地用氣音對我說：「永遠不准再對我大聲說話。」

我的頭髮在半空中晃來晃去，頭皮感覺快燒起來了，我在全班同學面前全臉漲紅，羞愧到極點。

她放手以後，我雙腳一落地，便立刻跑出教室，沿著走廊往摩耶醫生的諮商室走去。他的辦公室門是開著的，所以我衝進去倒坐在他面前的椅子上。

他問我：「怎麼了？」

淚水從我的臉頰滑落，我摸著頭，上氣不接下氣地開口說話，吐出的文字量是以前的好幾倍。我告訴他整件事情發生的經過。

經過好長一段時間的停頓，摩耶老師看著我說：「塔拉，妳確定自己當時沒有對老師大聲嗎？」

什麼？我的心跳停止了。

難道摩耶老師一點都沒有站在我這一邊嗎？我當下意識到，每個大人都好像用盡辦法要打擊我似的。我深深地感到委屈，瞪著摩耶老師，心想，我要幫助像我這樣的孩子，好好聽他們說話。我要做得比你更好！

培養慈悲心

同理心經常無法正常發揮。在大多數情況下，它們因為輕微的忽視或單純的誤解而有意無意地被抹煞。

其他時候，情況可能更嚴重，可能是出於歧視或公然虐待。

跟摩耶老師共處的時刻被銘印在我的記憶中，特別是因為混雜在一起的情緒和思緒，在我體內相互碰撞。

心理學家保羅・吉爾伯特（Paul Gilbert）和前僧侶喬登（Choden）寫道：「生命中那些饒富意義的重大經驗，都源自於我們當下的情緒，然而這些情緒也可能是我們最深層問題的根源。」

六年級的我並沒有意識到自己當時發下了什麼善願，那是一種想要減輕痛苦的渴望，同時也夾雜著迫切想為他人做點什麼的感受。

心態上的衝突

吉爾伯特和喬登寫道：「慈悲心是有意識地利用良善的動機來組織我們的心智。」

這就是為什麼了解感性腦的運作模式很重要。

當你對某人或某事感到生氣、不悅，或是用自我懷疑來打擊自己時，實際上你可能是兩種思想在打架，甚至沒有意識到自己的大腦內部發生了衝突：是我自己的問題，還是外境的問題？我要接受新的冒險，還是採取保守作法？是我太過自私，還是這只是我愛自己的表現？我是在接受還是拒絕對方的情感？如果我堅守自己的界限，這麼做到底是友善還是殘忍？

這些內在衝突能夠幫你理解，為什麼自己會被困在不友善的心態、舉止或偏差行為之中。

保羅．吉爾伯特將你思考所遭遇到的矛盾，歸因於他所謂的「舊大腦（思想）」和「新大腦（思想）」的交會。

我們在研究邊緣系統的過程中發現，你的舊大腦是人類情緒調節的「基本模型」，而且幾千年來沒有太大變化。它的工作是盡快服務你的生存本能，尋求樂趣和安慰。它運作快速且反應靈敏。

吉爾伯特描述了其中運行的三個主要系統：

威脅和自我保護系統：可快速感知威脅並啟動邊緣系統中的戰鬥—飛行—僵化—暈倒反應，就像你家的監視系統一樣。

激勵和資源尋找系統：促使你尋求樂趣、消費、玩耍和求偶，就像一隻勁量電池小兔子在四處跑動尋找樂趣。

安慰和滿足系統：追求平衡、休息和連結，與情感、牽絆、照顧、善良和同情心密切相關。這是之前描述的平靜與連結系統，它的連線速度較慢，然而一旦啟用，它就會帶給你全面的幸福感，就像嬰兒的毯子或搖椅一樣令人感到安心。

你的「新大腦」發展於人類進化的後期，它真的很聰明。較新的模型更加複雜，它允許你透過比較、考慮、仔細研究、創造、創新、想像、尋求知識、追求目標和建立身份來解決事情。

如此一來，你便能快速學習，從各個群體之間交換資訊，並將這些適應性基因傳給後代。重要的是，這種複雜的升級可以使你意識到自己的存在，產生自我意識。

多虧了你的「新大腦」，你不同於任何其他動物，可以意識到自己的意識，並且可以觀察自己的思想。當然，這既是祝福也是詛咒。

當你的「新大腦」被「舊大腦」的恐懼和激情拉走時，你可能會陷入不友善的行為。或許這可以說是系統的不良缺陷。

心理學家瑞克．韓森（Rick Hanson）警告人們要避免下列傾向：抱持負面偏見、被害妄想、以無益或有害的方式解釋事物並牢牢記住不愉快的事件。這些傾向會讓人習慣性地想太多、進行負面的社會比較，做有害的事，以及專注於無益或不良的想法、擔憂、記憶和處境。

就像韓森很愛用以下的比喻：你的大腦對於負面事件總是揮之不去，像魔鬼氈一樣撕也撕不下來，而正面事件在腦中卻像不銹鋼表面一樣光滑無痕，轉瞬即逝。

大多數人類的不幸和災難，都是基於恐懼，這種恐懼和受到威脅而引起的情緒反應緊密相關。

這並不是說原始的大腦運作模式不好，而新版本的大腦很好。其實兩者都有助於你解讀世界，所以並無好壞之分。但是，這兩者存在著相互競爭的需求和慾望。在現代生活中，這些表現為：

內在矛盾：「我想和你親近，但我怕你會拋棄我，所以我要跟你分手。」

內我批判，破壞自尊：「我還不夠好，所以我不夠格應徵這份工作。」

養成不健康的習慣：「我知道我需要注意血糖，但是只吃一片餅乾應該無傷大雅。」

選擇有害的行為來因應恐懼、焦慮或羞恥的感受：「我要再喝一杯，反正沒人會管我是否晚歸。」

當你了解大腦的新舊模型如何協同合作，或是何時處於對立狀態時，你就會發現自己對經驗的控制比你過往以為的還要多。

你對生活會更有覺知。更重要的是，我們人類具有了解彼此，以及對他人經歷感到好奇的能力，這意味著我們可以有意識地展現同理心。

用吉爾伯特和喬登的話來說，「我們有能力去體會和想像成為另一個人的感覺。

因此我們頭腦中聰明且獨特的人類特質可以用於傷害他人，亦可幫助他人。」當然，這也適用於我們對待自己的方式。

善良的練習：讓頭腦從混沌變為清晰

你可能很容易被困在頭腦裡，這是一個永無止境的惡性循環，因為大腦新舊模型的競爭確實會使你思考打結。

現在開始，請好好留心這是怎麼發生的。

認真思考一下，你的思想為何有時會成為你最大的後盾，有時卻又成為你最大的敵人。

你總是不由自主地對自己的內心世界和外部世界做出截然相反的反應。

在日記本上寫下對以下問題的回答，記得不用做出評價或過濾：

你什麼時候會自我批評？什麼時候會批判別人？

回答範例：當我無法完成任務清單時。當我無法支付帳單時。當我兒子做某件事之前，沒有想到對家庭的後果。當我看新聞時。

你什麼時候對自己感到友善？什麼時候對別人友善？

回答範例：當我為某人織毛衣時，我是友善的。當我記得費了多少功夫達到自己現在的生活，我是友善的。當我的孩子為鄰居做點好事時，我是友善的。當我讀到一個非營利組織正在做的好事時，我是友善的。

在經歷那一堂命運般的數學課的六年之後，摩耶老師被轉到了高中指導辦公室。他幫我寫了一封大學推薦信。當我讀完時，感到相當震驚。他說他對我的勤奮和善良感到印象深刻，並且在認識我多年之後，他相信我可以克服任何障礙。

他說，只要我全力以赴，我絕對會成功。

當然，他或許對誰都這麼說，但是他對我說的沒錯。因為經歷過刻骨銘心的恥辱、被誤解的重創，以及對他人感到失望的憤怒，所以我走上了助人這條路。它讓我立志成為富有同情心的治療師，讓我勇往直前不退縮。

同樣，你也可以察覺自己的負面偏見並加以抵抗。你可以化悲憤為新的力量：比傷害你的人更仁慈，支持那些曾經像你一樣掙扎的人，提供他人你曾經想要的東西。儘管你的頭腦可能會感到混亂、天人交戰、充滿不確定和經歷各種矛盾衝突，但是你可以保持冷靜、好好觀察並選擇做出更友善的回應。

反思

當我察覺頭腦和內心的矛盾時，我會更清楚要如何回應。我選擇培養正向而富有同情心的經驗。

第11章
暫停的力量

某天，我最喜歡的瑜伽老師哈尼亞在上課前分享了一個她自己的故事。

「昨天，我一整天都在忙著處理雜事，想在去接兒子放學之前把所有事情搞定。後來，我在銀行辦完最後一件事並走出門外時，我看到一輛轎車停在我的車旁邊。對方的車門大開，碰到我辛辛苦苦工作賺錢買來的新車。」班上每個人都點頭或發出贊同的聲音，表示大家都能體會對新車或新買的東西有多寶貝。

「我整個人快抓狂了，當下只想對那人大吼大叫，搞不好他還會下車跟我吵架，讓場面變得很難看。但是我卻不知怎地停了下來，看著那個男人慢慢從他的車上走下來。」

哈尼亞側身傾斜，肩膀抵著一個假想的門。

「我看到他只有一隻手臂，然後我掃視著他的車，發現車上貼了一張退伍軍人的貼紙。在那一瞬間，我想到他在從軍期間可能經歷的一切。我的心跳漏了一拍，我感到生氣的情緒化開了，從憤怒轉為同情。我回過神來並幫他打開銀行的門。他對我道了聲謝謝，接著便走了進去。

「當我回到車上準備離開時，心情突然變得很好。我甚至忘了檢查車門是否有刮痕，那再也不重要了。」

嶄新的視野

哈尼亞的故事，突顯了日常生活中「暫停的力量」，這種微小的時刻會激發我們的善意。這正是為什麼我們不斷會聽到「說話前先三思」、「冷靜下來」和「穩住呼吸」之類的忠告。

暫停能夠帶來極大的影響。

沒有稍作暫停的話，你可能會本能地做出自保行為，以避免威脅或猛烈抨擊。當下的即刻反應常常令人不快，因為它是不受控的生理反應。

但是暫停後，你便可以遊刃有餘地放慢速度，給自己足夠的思考空間來衡量當前的情況。過一會兒，你便可以頭腦清晰地作出有同理心的回應。你可以給自己騰出空間，獲取更寬廣的視野。

「暫停」讓哈尼亞能夠啟動大腦的同情網絡。身為一名瑜伽教練，她有意識地練習正念，而身為一名母親，她則不斷地培養耐心，因而能夠讓她看到自己的本能反應，也就是「對男人大吼大叫和咒罵的衝動」，同時還能進一步讓自己暫停片刻，以便看清全貌。

當她這麼做時，同理心使她產生了更多的理解反應、善良的舉止和正向情緒，提升了她的境界。

前額葉皮層：你的同情心教練

當你認為某人對你不公、跟你不同調或看起來有威脅時，直接判對方死刑會比發揮天生的同理能力來得容易。

然而，當你視野變寬廣時，就會產生同理心，進而轉變為友善的行動。

大腦皮層是你美麗新大腦中最新的進化發展，就像指揮中心一樣，這裡會發生複雜的心理過程或「執行功能」。

它位於前額後面並且包含了前額葉皮層（PFC），屬於大腦的一部分，使你能夠以複雜精細的方式進行思考。

社會神經科學家發現，特別是內側前額葉皮層會涉及同理心、情緒調節、自覺情緒和觀點選擇。它同時與非常重要的結構——前扣帶皮層（ACC）進行溝通，該結構在邊緣區和皮層之間搭起橋樑，將感覺、情感、注意力和社會意識聯繫起來。

當邊緣系統由壓力或威脅觸發時，前扣帶皮層路徑會中斷，此時我們便無法使用皮層中更高階的執行功能。這就是為什麼前扣帶皮層對你調節情緒、與自己和他人建立聯繫、了解社交情況並因此產生善良和同情心的能力至關重要的原因。

你的同理網絡橫跨於大腦中的多個神經網絡，有些新發現，暗示了一些重要的細微差別，這些細微差別可以引導你朝不同的行為方向發展。

如第三章所述，同理心可以使你對他人的感同身受，當你感受到某人的痛苦時，你會經歷以下兩種可能的反應：

同理焦慮：這可能會使你變得低落，以至於在痛苦的情況下迷失自己。神經科學家發現，同理焦慮會觸發與身體疼痛反應相關的大腦網絡，這些區域包括前腦島和前扣帶皮層。你可能會體驗到諸如恐懼、憤怒、厭惡或反感等負面情緒，並且有退縮的衝動，想要遠離他人、逃避或麻木自我，這就是照護者和專業助人者長期下來會精疲力盡的原因。

同理關注或同情心：第二種回應是渴望提供幫助。你會以正向的情緒（例如溫暖、聯繫和關懷）回應沮喪的人或情況。你更有可能帶著關心親近他人與社會。這種與同情心相關的大腦網絡包含內側眶額皮層（medial orbitofrontal cortex）和腹側紋狀體（ventral striatum），它們與愛、歸屬感和愉悅的感覺相關。

最良好的狀態是有意識地從同理焦慮轉變為同情心，而這需要一些情緒的鍛鍊。

社會神經科學家塔尼亞．辛格（Tania Singer）和奧爾加．克里米基（Olga Klimecki）指出，有些因素會影響我們的同理反應，包括性別、團體成員關係、家庭條件以及他人或情況的公平感。但是，可以透過冥想練習和同情心技巧來增強同理關注網絡。

辛格的團隊一直在進行冥想測試，並在此過程中揭露了富有同情心的大腦的神經可塑性，這是可以根據生活狀況或環境變化形成新的神經連接的能力。

短短幾天的同理訓練，就可提升人的正向狀態，即使是看了大量他人受苦的短片，結果也依然不變。

不過，我們不需要在實驗室中進行測試，我們可以在日常生活中實踐一點點同情心，並觀察自己的心情起伏。

在另一項研究中，人們接受了為期九個月的心理訓練，其中涉及了對當下覺知的練習，以及針對同情心、自我關懷和情緒調節方面的訓練，還有換位思考的技巧。

這些訓練對大腦的神經可塑性產生了正向影響，增厚大腦灰質，而大腦灰質負責處理影響感官知覺、肌肉控制、言語、記憶力、情緒、決策和自我控制的資訊。

透過這些練習，你可以增強自己的前額葉皮層，更容易理解他人的生活，並建立內在的力量，例如韌性、慷慨、寬恕和同情心，而這些都會透過善良的行為來表現。

練習得越多，我們就越能應對生活中的煩惱。

哈尼亞在瑜伽課上最愛說這句口號：「一次只要暫停一個呼吸，就沒有什麼過不去的事。」

暫停的次數會不斷變多。

善良的練習：用呼吸來暫停和連結

你可以訓練暫停的藝術。

通常，你只需要做個深呼吸。塔拉．布拉奇（Tara Brach）將其稱為「神聖暫停」。當你緩慢而深沉地呼吸時，新的時刻就誕生了，因為呼吸既平靜又鼓舞人心。

其中一項對呼吸的定義就是「心靈」，也就是人體內賦予生命、能量和動力的力量。你可以隨時隨地點燃你的關懷電路，利用呼吸，在黑暗的隧道中找到光芒。做三次深呼吸，是感受當下的入門技巧，這是你可以為自己和他人所做最善良的事情之一。

當你這樣做時，你的身體姿勢（例如略微傾斜頭部）可以增強同情心。這是一種簡單的方法，可以訓練自己暫停，企圖喚起身體的平靜能力，然後為更大的視野做好準備。

找一個舒適的地方坐下或躺下，感覺自己的身體受到地板或椅子的支撐。你也可以安靜地站著靠牆支撐。將你的雙手放在下腹部、心臟、腿上或兩側。如果你喜歡，可以閉上眼睛。

深呼吸，讓新鮮空氣填滿橫膈膜。吸氣直達肺部底部，並注意腹部開始擴張。吐氣並釋放空氣流動。再重複一次。

每一次呼吸，你都會感到腹部起伏，感覺空氣通過鼻子流到肺部底部。以自然且溫和的方式呼吸，就像熟睡的嬰兒或滿足的貓一樣。

跟隨你呼吸的節奏，注意身體的起伏。讓自己感受到存在的內在空間，傾聽你每一瞬間的體驗。以善良的意識轉向自己，你可能想像自己被抱住或包覆在溫暖的毯子裡面。

當你呼吸時，你可能會發現安靜地在吸氣時說「和平」和在吐氣中說「平靜」會有所幫助。或簡單地說諸如「我很好」、「一切都很好」或「我對自己和他人保持溫柔」之類的話。

盡可能常常進行這種呼吸運動。漸漸地，你可能想一次嘗試五分鐘、十分鐘或更長時間，以擴增你的暫停能力。

一旦習慣了呼吸，嘗試添加簡單的同情呼吸技術，可以助你度過困難的時刻。這是佛教施受法練習的一種變化式，是一種給予和接受的冥想練習。正如拉比・拉米・夏皮羅（Rabbi Rami Shapiro）在《慈愛的神聖藝術》（*The Sacred Art of Lovingkindness*）中寫道：「這是一種承擔起世界的痛苦，並將其轉化為愛的方式。」以下做法是簡單的版本：

安靜且舒適地坐下，可以將一隻手放在心上。以舒適的方式呼吸。

呼吸時，請記住溫暖、舒適和自在的感覺，或者任何你當下需要的東西。吸入這種撫慰的感覺。

然後想起一個正在奮鬥並需要同情心的人。當你為自己吸一口安慰的氣後，吐氣的時候給另一個人善良、關懷、安慰和自在的感覺。

然後回到自己，吸入溫暖的感覺。然後切換回你想像的人。在均勻的吸入和吐出的氣流中，接受並給予溫暖和善良，就像蹺蹺板，來來回回，一口氣給我，一口氣給你。

你有一個富有同情心的大腦，可以不斷讓它更強壯。了解兩個同理地圖，可以讓你選擇朝哪個方向前進。正如辛格和克里米基指出：「同情心是『替他人』感同身受，而不是被他人的感受牽著走。」

這種區別傳達了同理焦慮和同理關注之間的差異。辨別何時會出現痛苦，暫停一下並引導愛的意識，你就在增加善良體內出現的可能性。

因此，呼吸並練習PEPPIE（見第一章）的核心要素——活在當下、情緒調節和保持清晰的洞見。每天都安排一段這種具教育意義的時刻，訓練你的同情心變得更加正面、關懷和與他人更緊密。

反思

憑著善意和練習，我可以培養和增強自己友善和同理的能力。

第12章
由外而內的連結

某次九一一攻擊事件的週年紀念日剛好落在星期日，我需要找個能帶給我安慰的團體，於是我決定上教堂去。

那天下著狂風暴雨，大雨潑濺在大面積的落地窗上。一切都是那麼舒適與祥和，我心想，啊，這個世界好平靜。

佈道期間，牧師的麥克風突然沒了聲音，他立刻意識到這一點，便伸手拿起裝置輕按了一下開關。「碰」的一聲巨響，響徹整個教堂，每個人不約而同從座位上彈了起來，雙手摀住耳朵。我們都被嚇到說不出話。

然後，一個小女孩無助的哀號迴盪在大廳。回過神後，牧師從佈道的講臺上走了下來，穿過走廊，走向那個正在哭泣的四歲小女孩，她正緊抱著父親的脖子。

「這聲音太可怕了對不對？」牧師輕聲對著那個孩子講話，彷彿她是大廳裡唯一的人，「我們可以一起製造一些不那麼可怕的聲音唷，要不要試試看？」牧師開始對孩子輕聲哼著，其餘的教區居民整齊一致地加入，女孩的抽泣聲漸漸成了美妙的歌曲。

溫柔的愛與關懷

那天早上，有兩件事讓我印象深刻，那就是從突如其來的噪音中恢復過來，需要一段徹底的靜止；還有，我們要給予哭泣的孩子同情的關懷。

如果在這樣令人痛苦的時刻，我們所有人都能被自己或他人的撫慰能力所安慰，那就太好了。

因為你也像我一樣，每天都會接收到外界的雜音和干擾。它可能不是刺耳的爆炸聲，而是現代世界中的無可避免的生活片段：待辦事項、簡訊、新聞、社交媒體、工作任務、家庭需求、帳單、尖峰時刻的紊亂交通……一堆事項不斷攫取你的注意力。這些雜音會一點一滴地累積，直到你被轟炸得四分五裂。

你也可能會因為毫無建設性的信念、不斷抱怨、重提過往的失望經驗，或是不斷嚮往美好的未來而分神，因為你總覺得「現在」還少了點什麼。

一旦內心開始自暴自棄，出現「我沒有時間做任何重要的事情」、「我就是運氣不好！」，甚至「我是不是有問題？」這樣的念頭，就很容易表現出不善良的行為。

外在攻擊和內在攻擊都會使你不斷處於壓力狀態，正如我在前幾章中所討論的，這些壓力可能會對你的情緒狀態、健康狀況和人際關係造成嚴重損害。

如同教會中那名小女孩在飽受驚嚇後需要獲得感官上的撫慰，身為成年人的你也需要如此。

自我撫慰是情緒自我調節的基礎，它源自於一個非常基本的需求，那就是我們都需要用大量的溫柔、愛與照顧來安慰自己。

由外向內的交互作用

冥想老師佩瑪・丘卓（Pema Chödrön）說：「對他人的同情，始於對自己的仁慈。」許多智者都堅信，要愛別人，必須先愛自己。

矛盾的是，自我仁慈並非無中生有，而是源於你剛出生時被另一個人實際抱在懷裡的感受。想像一位母親抱著一名嬰兒，這是我們對母親的典型形象，也或許這源自於你抱著自己小孩的記憶。

從生理上來說，親密關係的建立正是由這個形象展開，例如眼神凝視、有節奏的呼吸、跳動的心臟、呢喃的聲音，這些都標記著人與人之間的聯繫。

這種溫柔本質上是社會性的，而且從生命的開始就已經成為你神經生物學的一部分。

史蒂芬．伯格斯（Stephen Porges）發展了一套理論，內容是關於他所說的「社會神經系統」以及我們的鎮定能力。這套理論稱為「多層迷走神經理論」（polyvagal theory），也就是從腦幹開始延伸的兩條迷走神經。

迷走神經是人體中最長的神經，觸及範圍最廣，就像藤蔓一樣遍布整個身體，連接大腦和心臟，並通過喉嚨和脖子進入腸道。

它支持著我們在第九章談到的副交感神經系統。迷走神經的其中一個分支是後來才進化出來的，是需要依附其他哺乳動物才能生存的哺乳動物的獨特構造——所以，人類的確是互相需要的。

這種較新的神經分支參與身體自我調節、與他人建立聯繫並進行交流的能力。它還涉及你的直覺能力。

這個神經分支能讓神經系統在潛意識下發現環境中的安全性和風險，伯格斯稱之為「神經覺」。

你的身體會問：「這個人對我來說是安全的嗎？」、「我可以靠近他嗎？」、「我應該按兵不動還是離開？」

身體會搶先做出反應，然後才思考。因此，當你的身體自動對壓力做出反應時，它可能會以你無法理解的方式發生，例如戰鬥、逃跑或僵住。

你之後可能會對當初的反應感到懊悔：「為什麼我當時不能大聲說出來？」、「為什麼我不會跑走？」、「我腦中一片空白。」、「我剛才為什麼不打招呼？」、「我到底在幹麻啊？」你在事件過後對自己說的話（充滿遺憾、羞恥或責備），可能會對你的理解和治療造成阻礙。

意識到身體對某件事的反應很重要，因為它可以讓你了解觸發因素，而當你有了

這種理解時，就不會產生太大的內外矛盾。這就是自我關懷的基礎。

你甚至可以有意識地使用迷走神經系統進行療癒。其中一種方法就是用你的聲音。你可以用一種令人平靜、深情滿滿的語調對任何人說話，甚至對自己說話，這種語氣稱為「母親語氣」（motherese）或「嗓音韻律」（vocal prosody），在生理上具有極深層的鎮定作用。就像教堂裡受到驚嚇的小女孩一樣，無論是大聲說出來，還是在腦海中默默地說，你都可以很快地被溫柔的語調撫慰。

這些「由外而內」的交互影響，是情緒自我調節的種子。因此，即便在需要時，身邊找不到你愛和信任的人，你還是可以根據自己的生理狀況來扶助自己，而你所要做的不過是一點點溫柔的自我對話。

迷走神經張力（藉由測量心率變異性和壓力荷爾蒙來決定）強健的人往往善於冷靜下來，並從壓力中恢復，也具備較高的生活品質。

有許多實驗顯示，富有同情心的反應可以活化迷走神經並促進幸福感。因此，好好地、溫柔地對待自己，善良就會越發蓬勃。

善良的練習：自我同情的陳述

想要有意識地使用迷走神經系統來自我撫慰，請先建立自己的同情陳述。心理學家克里斯多福．格默（Christopher Germer）和克里斯汀．內夫（Kristin Neff）提供了一種可以訓練大腦變得更樂於付出愛的練習。

類似第五章中描述的慈愛冥想，你可以創造善良的訊息來進行反覆冥想，從而使身體平靜下來，培養對自己的善意。

創造這些個人肯定的指示很簡單：

一、內容清楚，

二、符合你真實可信的經歷，

三、使用友好的語氣。

每當需要加強支持時，你都可以詢問自己：「我需要什麼才能讓自己的身體保持鎮定？」或「我渴望從別人那裡獲得什麼？」來傳達訊息，答案通常是人類的普遍需求：歸屬感、聯繫、鼓勵、愛、耐心、保護、尊重、寬容、認可、幸福。

舉例來說，在寫這本書的同時，創造個人陳述幫助我減輕自我懷疑和焦慮，我寫的其中一個陳述是：「我有一個美好的訊息要與世界分享，而我會照實說出。」當你使用正確的詞語時，你會感覺到一陣放鬆，獲得一絲靈感或感恩之心：「啊，這很適合我」、「哦，這感覺很不錯」或「謝謝」。你也可以嘗試以下任何一種說法，依需要來調整並修飾，然後根據自己喜歡的內在聲音，將「我」切換為「你」。

- 我愛原原本本的自己。
- 我會沒事的。
- 我相信自己
- 我輕輕地抱著自己。
- 我知道了
- 我支持自己，我支持你。

- 我很強壯。
- 我開始感到愛和善良在擴大。
- 即便感到困苦，我還是會對自己溫柔。

你有能力去改變自己對生活中各種困難的反應。「同情心並非汲汲營營地從事自我改善或修正，」佩瑪．丘卓（Pema Chödrön）寫道，「同情心從頭到尾都是關於接納那些我們不喜歡，甚至不想看見的那些缺陷。」

運用內在資源進行關懷，就可使大腦的警報系統安靜下來，建立適應能力，感受到更大的自主權。

伯格斯說：「我們真正要做的，是告訴自己可能發生的破壞性事情，這不是為了憤怒或指責，而是為了了解身體為了適應和生存所採取的策略，然後我們就可以評估這些策略是否真的對我們有益。」

你對自己的友善程度越高，對他人的包容力和同情心就會越多。

反思

當我感到沮喪或不舒服時，我可以利用身體的自然安撫能力，讓自己平靜下來。

第13章

擁抱與擊掌

在我六歲那年，德國的親戚寄給我和姊姊一個裝有兩件羽絨被的大箱子。蓬鬆輕盈的被褥如波浪般起伏，又特別又高級，讓我們忍不住好奇它的觸感。我們馬上躲進被子裡舒適地依偎著。即便到了現在，當我享受羽絨被的重量和溫暖時，我還是可以睡得很香甜，因為它們透過「觸感」給予我簡單卻奢侈的享受，讓我感到安心與慰藉。

碰觸的力量是如此強大，就像好萊塢在電影《E.T.外星人》（*E. T. the Extra-Terrestrial*）中的畫面。

我喜歡看著男孩幫助思鄉的外星人回家的冒險過程，還有他們之間那段看似不可能的奇特友誼。

在最後一幕中，他們在星光燦爛的樹林裡道別，男孩和外星人安靜且笨拙地相互擁抱。當他們無奈地分開時，E. T. 觸摸自己的心臟，心臟發出了紅光。「哦。」E. T. 呻吟道。然後，小男孩艾略特握住E. T. 的手指，把它按在自己心臟的位置，然後跟著說：「哦。」

當太空船的艙門向E. T. 敞開時，外星人將手指緩緩地伸到艾略特的額頭上，說：「我會在你的這裡。」

電影中發光的手指和紅色的心臟，這些特效提醒著我們，從細胞這麼微小的層面上來看，「觸摸」在我們對於愛和歸屬的需求上扮演著何等重要的角色。

即使頭腦沒有特別記住，我們的身體也會記下真正被觸動的時刻。

這些手勢可能會在平凡無奇的日子中發生，卻具有超乎想像的神奇效果。這種接觸就像呼吸一樣自然，所以我們很少會認知到其背後的含義。

當我婆婆洛琳在加護病房時，她的摯友盧剛好也在那裡照顧她的丈夫。這兩位好朋友現年都已八十多歲了，意外發現她們還是在同一家醫院產子。

她們並沒有在鎮上共進晚餐，也沒有參與她們六十年來維持的星期三血拚日，反而是被生命維持監視器包圍著。

盧一隻耳朵失聰且一隻眼睛失明，俯身將洛琳的小臉捧在手中，看著她的眼睛，然後說：「洛琳，我愛妳。」我婆婆回答：「盧，我也愛你。」

每當我的丈夫回憶起他母親的臉被那雙手托住的那一刻，他的眼睛就會湧現淚光。「我永遠不會忘記。這是兩個人之間最原始、最樸實無華的感情。兩人長年下來建立的友誼是相當深厚的。」

最重要的是，這種情感的深度是經由觸摸來傳達。

溫柔的能量

愛和同情心經常會透過聲音、臉部表情和觸覺來傳達。生活中有很多互相碰觸的時刻。細微的手臂碰觸或擁抱，當中所傳遞的訊息勝於以往任何的言語。

透過觸摸，我們了解到什麼是安全、彼此相屬和理解。反之，不討喜的接觸，例如某些手勢或不雅行為，也會傳達負面的感受。這些感受對我們來說很有可能永生難忘，或是埋藏在心底深處，以避免回想起當時的不愉快。然而，溫柔的碰觸則會讓我們緊緊相繫。正如詩人大衛・懷特（David Whyte）所描述的那樣，觸摸是一種親密的交會。

無論是觸摸看得見的事物，還是觸及隱藏在表面事物下的奧祕，我們都在不斷努力地交流，我們必須透過肢體動作或想像力讓身心一致，而這些都可以透過撫觸達到。

活在世上，我們必須彼此接觸，以此去感受愛、痛苦、快樂，並且在日常生活中採取一些單純的行動。

當你長大成人，開始面對生活的挑戰時，你可能會失去安撫自己和被他人撫慰的重要聯繫，尤其是在遭受痛苦的時候。這種情況非常普遍，以至於當我們感受到撫觸時，它就會變成難得的喜悅。

然而，觸摸卻是如此基本而原始的動作。

越南僧侶一行禪師（Thich Nhat Hanh）鼓勵每個人都像母親一樣呵護自己。當母親聽到孩子痛苦的哭泣聲，會自然而然地想去抱住孩子，透過觸摸來提供「溫柔的能量」。

觸發愛的賀爾蒙

童年時期的情感接觸，會深深影響你日後如何面對人生中的起起落落。撫慰的觸摸尤其可以增強你調節情緒的能力，它深植於你的體內，能夠改善神經系統並強化愛的感覺。

蒂芙妮・費爾德（Tiffany Field）[1]研究了從嬰兒到老年人之中各種與觸摸相關的主題。

她的研究顯示，溫柔的撫摸有驚人的益處。甚至少於十五分鐘的觸覺刺激，都可以催化早產兒的生長並增加體重。

在整個生命週期中，對身體進行按摩，無論時間多麼短暫，都可以帶來廣泛的療

1 蒂芙妮・費爾德（Tiffany Field），邁阿密大學醫學院教授，專精嬰兒發育及母嬰互動，專門研究按摩和撫觸療癒對早產兒和營養不良之嬰兒的健康有何效益。

效，減輕慢性疼痛、自體免疫性疾病、抑鬱、焦慮和失眠等症狀。它還可以減輕上癮、注意力不足過動症、暴食症和創傷症候群等精神或情緒相關的症狀。

這些效果之所以如此深刻，是因為親切且適當地觸摸，會刺激皮膚下的壓力受器，引起體內一系列生理和生物化學反應。

愉悅的觸摸可以活化皮膚中的神經，並觸發像是前額葉皮層這類的大腦獎勵中心。迷走神經的活動增加，會讓你的心率減緩，產生放鬆的感覺。

這種鎮靜效果可以減少血液中循環的壓力荷爾蒙，增加更多撫慰荷爾蒙，從而幫助更多免疫細胞存活。

觸摸既可以增強免疫力，又可以撫慰情緒。任何親切的觸摸，甚至是自我觸摸，都可以指示身體的療癒系統傳遞正面的感覺和安全感。

抱著嬰兒的人、與朋友緊握雙手的人，或是被情人擁抱的人……去問問看他們在這些肢體碰觸中，是否會產生愉悅的感受。

這種現象的發生是因為觸摸刺激了副交感神經系統，釋放出兩種能夠使人平靜並聯繫在一起的神經化學物質——催產素（Oxytocin）和血管加壓素（vasopressin）。

催產素由下視丘產生並由腦下垂體釋放，常被戲稱為「愛情賀爾蒙」、「擁抱化學物質」或「道德分子」。

它流過整個身體，引起亢奮的感覺，激起珍惜和保護所愛之人的強烈渴望。催產素還可以減輕焦慮和壓力，增加戀人間的感情，增強信任，還能保持情緒穩定。

血管加壓素支持培養和聯繫，有助於緩解疼痛並調節體內的內啡肽，內啡肽是正面感覺的來源，可以使我們的生活充滿活力。

觸摸會以高度細膩和複雜的方式傳遞情感，這種方式比用眼睛看或耳朵聽還要精準。它可以傳達至少四種負面情緒：憤怒、恐懼、悲傷和厭惡，而且它能分享四種正面的親社會情感：幸福，感激、理解和愛。

神經科學家大衛．林登（David J. Linden）形容皮膚為我們的「社會器官」，而將觸摸描述為「社會黏著劑」。觸摸對於社交體驗至關重要，包括信任、合作、同情、感激、善良和愛。

即使我們可能沒有意識到，觸摸其實是很常見的日常互動。

我們用它來立即分辨盟友或敵人。透過適當的接觸，醫生會讓病患覺得貼心，餐廳服務生會拿到更多小費，圖書館員和老師會讓學生更有學習動力和良好的態度。

常常拳頭碰拳頭、擊掌示意或互相碰撞胸部的職業籃球員，在比賽中的個人表現更亮眼，也締造更佳的團隊紀錄。就連打鬥般的玩耍對幼兒來說也必不可少，因為這麼做有助於強化親子連結與發展友誼。

但是情境脈絡很重要。我們對觸摸的解釋方式，會被我們對他人的社會評價所影響，包括性別、種族或社會地位。在不同的情況下，一掌打在人家的背上，可能會造成截然不同的解讀。

儘管觸摸很重要，但卻可能是個棘手的話題，文化傾向促使我們偏離了它本來的健康意涵。

大部分人都抱持少跟人肢體接觸的原則，然而這卻與科學實證觸摸對幸福、情緒調節和聯繫的必要性背道而馳。風險在於，我們越習慣避免接觸，身心就會越來越分離，我們的身體與他人的身體也會更加疏遠。

當我們不再互相碰觸時，就會失去彼此間的聯繫感。

讓我們變得不排斥碰觸，並且以相互尊重和親切的方式與他人接觸，我們就能扎根於當下，激發溫柔的能量。

善良的練習：取得聯繫

只要每天十五分鐘的觸摸，即可讓你恢復精力，而且不用假手他人。練習自我照護，可以藉由感受茶的溫暖、熱水淋浴時的水流、寵物的柔軟毛髮、光滑石頭的平滑度、羊毛的蓬鬆觸感。

只要發揮創意，無論何時何地，總會有那麼一種方法，可以喚起碰觸的力量。當你正感到糾結或緊張時，試試看溫柔地捏捏自己，摸摸自己的臉，將手放在心臟上，用感覺來觸及自己。

花幾天的時間觀察自己多久觸碰別人一次，以及別人多久觸碰你一次，無論是握握手、拍拍背、擁抱還是親吻。

注意每天體驗到的差異，某些日子可能是低接觸的日子，而其他日子可能是高接觸的日子。從現在起開始觀察並注意自己的反應。隨著時間流逝，你可能會發現自己的最佳觸摸氣壓計：

- 你是否發現自己喜歡被觸摸，又或是沒那麼喜歡？當你思考這種表達情感的方式時，請想想自己的家庭或社群文化。
- 你是否發現情緒、能量水平和人際關係的品質變化，都與你獲得的觸摸量有關？
- 上述的一切，與你獲得的接觸量存在什麼樣的關係？
- 你是否在某些情況下會渴望肢體接觸，但在某些情況下會想要避免？
- 你能否感覺得到有些事物能夠觸動你的情緒？若真是如此，有哪些念頭或感覺被挑起了？

自然主義者黛安．阿克曼（Diane Ackerman）寫道：「觸摸似乎和陽光一樣重要。」觸摸會鼓勵你意識到感覺，也是讓善良成為你直接經驗的一種方式。

在需要或渴望被撫觸的時刻，你不會總是與他人保持聯繫，但你可以對自己溫和一點。觸摸的體驗不僅僅停留在皮膚表層：你可以替自己提供舒適的感受，並且有意識地用它來重新改寫你的關懷迴路。

透過與他人接觸，讓自己多點被碰觸或碰觸他人的經驗，那麼你就能讓善良流動。

這麼一來，就能以友善的感情、同理心和敏感度進行接觸，打破同情昏睡狀態。如此一來，你就會用另一種方式開發身體，使它成為一項靈敏的工具，能夠對你的內在世界和外部世界做出靈活而友善的反應。

反思

讓自己被觸摸和主動觸摸他人會激發溫柔的能量，並且讓我與他人產生聯繫。

第14章
接受他人的善意

喬伊二十歲那年，我遇到了他。他有一個不尋常的背景：身為一個「失控」的孩子，他是其中一位最早接受躁鬱症藥物治療的五歲以下兒童。

「我當時是個小小的實驗對象。」喬伊回憶道，當時他的身上還帶有寫著「對立反抗症」、「品行障礙」和「嚴重注意力不足過動症」的精神疾病標籤。上學對他而言是件苦差事，而且他的自尊心相當脆弱。

當他開始接受我的治療時，我眼前站著的是一位認真的年輕人，懷抱著良善的動機，試圖在這個世界找到屬於自己的路。喬伊穿著合身的T恤和運動短褲來參與療程，他對自己精實的身材感到相當得意。他跟我說他正準備參加健美比賽。我好奇地問他這一切是怎麼回事。以下是他的分享：

喬伊在青少年時期一度重達三百磅，是全校最胖的孩子。他將自己變胖這件事歸咎於精神藥物和父母的縱容。

他一直深受肥胖所苦，直到學校裡發生了一件不尋常的事情。一個他不怎麼熟的學生，和他約在上學前一起跑操場。這可不是另一個殘忍的惡作劇，那位男孩是認真的，而喬伊接受了他的邀請。

「我在跑道上幾乎連用走的都走不動，」喬伊說。「但是我每天都會跟他見面，他都會和我一起走，直到我稍稍能夠跑起來。」

這位新朋友每次都會出現，而喬伊也一路堅持下去。

這是喬伊有生以來第一次意識到自己可以控制自己的身體，只要他下定決心去做，他就一定能做到。這一切全都多虧了那個富有同情心的孩子。

「跑步圈數」也代表著喬伊生活中的其他挑戰。

如果他能成功一次，那麼只要有耐心，他就可以再做一次。

他還開始了解到，這位田徑夥伴的行動，證明了同情心具有強大的力量。隨著時間過去，喬伊發願，要與像他一樣「失控」的孩子一起工作。他在當地一所大學擔任行為專家。喬伊當然可以勝任這份工作。

選擇正面的改變

善良的面貌，可能會在出乎我們意料的狀況下，用最不可思議的方式展現。有時候，最困難的事莫過於接受他人的幫助，並且相信這個幫助對自己有好處。在你內心深處，有一個睿智、充滿愛的自我，就像喬伊的朋友那樣，知道什麼對你有益。

而最善良的事情或許也是最難做到的事情。這種睿智的自我是勇氣的聲音，可以使你穿過任何「應該」、「應當」和「你辦不到」的懷疑和評斷。當你克服需要幫助的脆弱，擺脫暴露自身的恐懼，內心就會冒出新的可能性。

小說家詹姆斯．鮑德溫（James Baldwin）寫道：「並不是只要面對，任何事情都能夠改變，但是不面對，你就什麼都改變不了。」

有時候，你需要另一個人來相信你，與你一起迎向未來，並說：「我與你同在，你做得到。」

直到某天，當你一遍又一遍地努力過後，你開始相信：「沒錯，我真的做得到。」

正向調節

喬伊的故事告訴我們，當你選擇改變，並且以愛和接納的方式堅持下去時，會發生什麼事情。

這就是正面神經可塑性訓練（Positive neuroplasticity training）的力量，心理學家瑞克·韓森（Rick Hanson）稱之為「擁抱善意」。

每時每刻，透過每一次互動，大腦都會形成新的連結。你越暴露於負面或有害的影響或習慣中，它們就越揮之不去。同理，**將自己暴露在正面的事物和習慣上的次數越多，有益的經歷就會越多，成為長久的內在資源。**

換句話說，你選擇集中精力並努力實踐的東西，將會變得更加強大，這意味著你可以有意識地在極為深層，宛若細胞的層面上影響自己的大腦。

擁抱善意可以給人生帶來更多善意。

專注於幸福的體驗，可以抵消大腦基本模組固有的負面偏見。因此，如果你想要生活中充滿更多善良、同情心、愛、感激、喜悅、寬恕和信任，那麼你必須有意識地發展那些存在的狀態。

要如何有意識地發展這些狀態？方法就是參與提倡善良、同情、愛、感激、喜悅、寬恕和信任的經驗和練習！不能只有一、兩次，要不停重複，累積善良的「跑步圈數」，加強關愛的神經通路。

韓森教導，無論是與家人和同事的日常互動，在大自然中度過時光或者在旅行中探索其他文化時，都可以透過以下三種方式，讓善良成為你的日常：

注意或創造有益的經驗：「有益」的經驗不見得是「愉快」的經驗。喬伊並不完全喜歡跑步，但他知道這對他有益，而且進步的感覺很好。其他有益的經歷包括準時上床睡覺、讀本好書、和孩子們玩耍、與朋友見面喝杯咖啡，或是在通勤途中聽點輕鬆的音樂。

活在當下：注意感覺和想像，享受當下的體驗，不要讓美好的時光白白流逝。

讓體驗牢記在心：品嚐經驗，有意識地回想一下，當你這樣做時，將再次體驗到正面的感受。

善良的練習：你的友善計畫

為了讓大腦中的神經形態逐漸朝向正面和自我關愛的方向發展，你每天可以做的一件事是什麼？把它寫在日記裡，句子可以短一點，好讓你快速閱讀。然後把它黏在你臥室的牆壁、浴室的鏡子、冰箱或辦公室的空間，讓你可以一直看到他，因為重複提醒很重要。

這麼做，可以快速地讓你想起你想要改變的事情，以及你該怎麼改變。你可以複製下面的文字，然後寫在日記中的空白處。

我想要更多（朋友），讓我感到（親密）。

立志當我想要成為的人，我想感受到（支持和安慰的力量）。

我今天要採取的正向步驟是（與咖啡店的一個人交談）。我保證安排（每天早上買咖啡時）來做這件事。我甚至可以讓（我的兄弟）知道我正在採取這個做法，以便獲得他的支持，並在我可能做不到的時候鼓勵我。

我知道，只要我選擇採取︹與陌生人交談︺的正向行動，我就會在大腦中建立新的神經通路並增強新的內在力量。

我保證我所做的每一步，都要對自己︹友善且關懷︺。

養成善良的心需要練習，有練習就能夠進步。

你可以主導內心的走向，這就是賦能。

喬伊每天早上都在田徑場上創造新的神經連結，他在這段時間所習得的能力在多年後也成為了他的助力。

這種能力讓你得以透過接受他人的善意來塑造經驗，從而溫柔地呵護你的大腦。只需記住，把焦點放在任何正面或負面的思想和感覺，它都會成為你腦內的畫面，並且賦予該事物力量。

有鑑於此，你可以選擇善良而非批判，或是選擇信仰而非恐懼，還可以選擇同理他人，而非冷漠以對。

反思

既然我有力量能夠給自己、他人和世界帶來正向改變，那麼我想怎麼做呢？

第 三 部

充滿慈愛

第15章

心存正念

生活變得如此繁忙，以至於時光匆匆飛逝。有時要到事過境遷，我們才會意識到自己一路上錯過了什麼。

當我們帶著跟我們感情不錯的前保姆出去吃晚餐，慶祝她終於拿到期盼已久的綠卡時，我才知道為什麼我女兒喬西小時候的綽號會叫「蟲蟲」。

寶琳非常照顧我們的孩子，她很能掌控時間，還會注意到孩子們有什麼滑稽的舉動，並且臉上常帶著燦爛的笑容，以至於大家在她面前都不會太過拘束。

晚餐時，寶琳分享了一個十五年前的故事：「有天我在洗衣服，都沒聽到喬西的聲音，我就很好奇她在幹嘛，於是我走進遊戲間，發現……天哪！到處都是像小紅點一樣的瓢蟲。她正在吃牠們。我說：『喬西，不！別吃蟲子。』那畫面真是出奇地可愛，因為她只是坐在那裡，一個接一個地拿起牠們並吃掉，像在吃餅乾一樣！她只是快樂地沉浸在自己的小世界裡。然後我說：『好吧，妳改叫蟲蟲吧，從現在開始，這就是妳的名字，蟲蟲。』」

那時我的生活非常忙碌，從來沒有停下來問，為什麼每個人突然都叫我女兒蟲蟲。而且這個綽號好像很可愛，所以我也就自然而然地接受了。

此時聽到女孩們摯愛的異母——寶琳的描述，我才發現自己對眼前的兩個女孩是如何地疏忽。因為即使是像吃瓢蟲這類的小事，或是可愛的小綽號，其實都很重要。一不留神，我們就很可能會在一堆雜七雜八的事情中錯過這些樂趣和幸福。

把握當下的生活

「正念練習」並不是像我們的消費文化所塑造的那樣，要使大腦或身體更健康、延緩衰老或專注於工作。

正念真正的意圖，是不要錯過自己的生活。

身為生物學家和禪宗實踐者，卡巴金（Jon Kabat-Zinn）因為將正念帶入了主流醫學而受到讚揚，他將現代生活的經歷稱為「超級災難的生活」。不間斷的訊息超載、注意力分散和壓力狀態，導致我們沒有時間和空間使身心安靜、欣賞日常樂趣並啟動關懷電路。難怪我們會陷入自我保護的同情昏睡，落入沒完沒了的困境。

正念可以喚醒我們，有意識且無批判地，透過關注每時每刻的當下而變得清醒。我們透過注意意識領域的事物來變得清明，而不會固執於我們眼中出現的感覺、想法或畫面。

正念是許多古老智慧練習的核心，方法包括祈禱、冥想、誦經，瑜伽、太極拳和氣功。西醫患者接受正念練習後，對他們的身心健康產生了革命性的影響。如今，它已成為身心健康方法的中流砥柱，成為一項熱門的練習。

不過鮮為人知的是，**正念本質上是一種對自己和他人的同情心練習。**

在中國表意文字中，「正念」是由兩個文字組成：「正」代表「存在」或「當下」，「念」則代表「內心」或「心靈」。因此，正念也可以被翻譯為「內心的存在」或「一心一意」。其他的表達方式，例如「關懷正念」、「深情關注」或「熱愛意識」，也突顯了同情心與存在之間的關聯。

我最喜歡的詞語是「仁慈」，並將其定義為「真誠體驗當前的時刻」。我們在正念冥想中可能會用過於嚴肅的角度來看待自己，而忘記善良的能量才是訓練的重點。

接下來，我們將探討看待和實現仁慈的不同方法，無論是透過自然、音樂、觸摸、祈禱、玩耍，或是密切關注日常交流、存在和愉悅的細微時刻，好讓我們注意到像是瓢蟲之類的事物。

當你用新奇和欣賞的眼光看待自己的經驗時，仁慈會為正念帶來愛的精神，讓我們可以把充滿壓力的狀態轉變為幸福的狀態。

善意的夥伴很重要

正念的流行是基於一個重要事實：數百項科學研究都明顯證實了正念訓練確實有效。

以下方提供的技巧，以及第五章提供的「慈愛冥想」為例，正念技巧可以幫助你面對從焦慮到慢性疼痛的一系列生活挑戰。

當正念的注意力訓練改善情緒調節、注意力和對痛苦經歷的反應時，神經影像掃描顯示大腦活動有顯著的變化。

正念訓練可能為大腦帶來持續性變化，即便是在八週內剛學習基本技能、每天僅僅練習二十至三十分鐘的人也能有如此效果。

值得注意的是，以上提到針對正念的研究大都發生在團體練習的環境中。對於剛接觸正念冥想的人來說，很容易認為這些技巧太簡單了，無法帶來任何真正的好處，例如：三分鐘的呼吸？想像一個平靜的湖面？緩慢地走路？真的嗎？另一方面，他們也可能會覺得難以持續，例如：我的思緒飄移不定；我無法安靜坐著；我睡著了！我感到無聊；我很不擅長這樣。

令人不安的內在對話和不愉快的感覺變得更加明顯，可能會令人更加灰心沮喪。在團體環境中學習這些技巧，可以得知他人也正苦於慢性疼痛、心臟病、癌症、焦慮、抑鬱、失落或壓力，正如你自己一樣。

你會發現自己並不是孤獨地處於痛苦或憂慮中，而且你會發現別人練習正念時也會遇到瓶頸，而正念團體或班級能夠營造友善和安心的文化。

社會支持也可以使人團結一心，當你展現同情心時，會產生一種「我們處境相同」的心態。

如果在訓練中遇到阻力，來自友善夥伴的援助將會大有幫助。如今，你可以透過課程或冥想相關的應用軟體來找到力量和責任心。

善良的練習：自在地融入當下

隨時隨地都可以進行善良練習，不一定需要坐墊、長椅或瑜伽墊。

當你停下來，以關懷的注意力和同情心檢視自己的思想和身體時，便是刻意訓練的時刻。

用帶有變焦鏡頭的相機作為比喻，放大檢視呼吸，可以激發人體自然的舒緩通道，啟動放鬆反應；跳脫出來更廣泛地觀察你的想法、感覺和身體感官，不要對其進行批判，可以使你富有同情心的見證自己的經歷。

以下有一個簡單的善良訓練可以試試看：

首先找到一個舒適的座椅、安靜地站立或者躺下來。

伴隨著恩典和力量的感覺，開始感受你身體下方的地面或地板的支撐。

以呼吸作為基準點，帶入你的善意，或者在一吸一吐間，將注意力放在雙腳或身體上。

開始感受到一種支持和自在的感覺。你可以將意圖說出來，例如「我對所有經歷敞開心胸」。

然後開始打開你的意識領域，留意你的感官、感覺和念頭，它們如何來來去去，經過你的面前且穿過你的身體。

此時的你就像火車上的乘客一樣，開始注意到周圍的廣闊地帶和豐富的體驗：顏色、紋理、聲音、感覺、文字、圖像。

執行的過程中，你可能會遇到感覺的波動或起伏。它可能是靜悄悄的、靜止不動或躁動的，不斷徘徊於靜止到混亂之間。

無論你注意到什麼都沒關係。

如果你感受到愉悅的感覺、情緒或回憶，只需要意識到它們就好。

如果發現不愉快的感覺、情緒或回憶，也請如實接受。溫柔而親切地體驗這些時刻。

無論喚起什麼，都要穩定於呼吸、雙腳或下方的地面，專注在豐富的體驗中。請覺察善良是如何在沒有批判的情況下，使你接受並溫和地呈現此時此刻的生活全貌。

當你準備好時，將意識帶回周遭環境，感覺到你的內心深處一切無恙，圓滿無缺。

透過練習，你可以同時身為參與者和觀察者，審視自己的思想、情緒和身體感受，就像在電影院裡看著螢幕，卻又好像身歷其境。

冥想老師傑克．康菲爾德（Jack Kornfield）寫道：「在當下的時刻，我們可以學習清明、友善地看待事物。憑藉著正念的強大力量，我們可以充分接受生命中那些無與倫比的美麗和無法避免的悲傷。」

會出現這樣的結果，是因為隨著一次次簡單的練習，照見了你的良善本質，在自我批判和生命遭遇的打擊下，內心深處的你是完美無缺的。

善良移除了你與他人之間相隔的面紗，因此你可以保有愛的意識，使自己不至於失去人性。

「你以為的自己，和你真實的自己，兩者之間無限接近卻也無限遙遠，這樣的距離讓你遭受了巨大的痛苦。」卡巴辛（Jon Kabat-Zinn）[7]說道，「當我們與自己內在最深切、最美好的部分取得聯繫時，我們其實哪裡也不用去。這是我們生活中美麗的奧祕。」

這些訓練的核心向我們表明，我們可以善良地面對生活中的一切。

仁慈是正念和善良、意識和愛心的質感交流，它可以幫助你將思想與內心連接起來，讓你不會錯過自己的生活。

你可以將恐懼變成信念，當你以仁慈的態度對待生活時，你會充分感受到一切：堅韌而優雅，痛苦而快樂，努力而輕鬆。

在同情昏睡的狀態下，你可能會以為這些正念方法好像看似很吸引人，但是現實生活是艱難的，人們卑鄙又自私，美好時代已不復返，教會和議會中都有恃強凌弱者，孩子們穿著自殺式背心，難民被淹死，一大堆人承受失業之苦。

透過正念去感受當下，你會發現，在戰壕中依然存在著春風化雨的老師，依然有發起行動的孩子，以及建造房屋的義工；這些都是「小瓢蟲」們，你可以欣喜地發現他們。

讓人無法理解的災難和無以形容的美麗隨處可見，兩者同時存在。你可以用心感受全方位的體驗，對迷惘、焦慮、美麗的自我，以及生活中同樣面臨挑戰的人們釋出善意，打破同情昏睡的狀態。

反思

我能夠決定自己是否用善念度過每一天，當我清明地醒著，就能感受生命是何等美好。

1 卡巴辛（Jon Kabat-Zinn），麻省理工學院分子生物學博士，其開創的「正念減壓療法」被各界廣泛應用，目前歐美有許多醫療院所和機構都運用其正念減壓療法來幫助病患。

第16章
自我關愛

的確，你擁有一個睿智的自我，具有愛人與善良的核心本質。

然而，這個基本事實似乎與你的認知相去甚遠，甚至聽起來很荒謬。那是因為它被許多難受的感覺和過往的痛苦所掩蓋。

正如狄娜跟我說的，你無法光用想的，就意識到這個核心天性，必須真真實實地經驗到它才行。

當狄娜好不容易來上心靈修復課程時，她的生活已經支離破碎。

「沒人知道我常常在男人身邊醒來，卻根本不知道他們的名字。我會偷竊，還對每個人撒謊。如果有人說：『妳沒有取得源自於內在的力量、和平與智慧。』我會實話告訴他們，我的確是在慢性自殺。我是個酒鬼，我沒救了，我也看不到任何希望。」

然後，被狄娜選中的教練給了她一個簡單的指示：在踏出重建之路前，先學習冥想。狄娜翻了翻白眼，但是她的指導教練卻堅定地說：「既然妳自己的方法不管用，那麼何不嘗試看看我的方法呢？」

教練指示她每天早上靜坐二十分鐘，專注於自己的呼吸。

狄娜頭幾次都把自己的身體蜷縮成像胎兒一樣。

「我只會顫抖和流汗，我靜坐一次無法超過三分鐘，所以我思考著，得做多少個三分鐘，才可以湊到二十分鐘。一整天下來，我做了六、七次簡短冥想。我以為教練會對我生氣，但她只跟我說：『妳現在做的都很好，只要別喝酒就行了。』」

剛開始，狄娜以為她的簡短課程沒產生任何作用，所以不以為意。

然而，她對自己的溫柔正在顯現：「我對自己有種像對孩子那樣的感覺，即使我做了很多壞事，我還是想說：『沒關係，親愛的。沒關係，妳是安全的。』」

八個星期後，狄娜經歷了一次覺醒的體驗，她發現自己內在有許多超乎自己認知所及的東西。

狄娜通過短暫而專注的時刻，找到讓自己復原的方法。

這些時刻帶領她原諒自己的過去，相信自身的智慧，並滋養她的精神。

「老實說，我唯一做的就是三分鐘的冥想，接下來發生的一切都由此展開。」她的回憶錄《瘋狂追逐和平》（*Madly Chasing Peace*）描述了她如何用一整天讓自己恢復同情心。

「只要能夠清除過去，就能疏通障礙，往內在智慧、直覺的聲音走去。」透過這麼做，狄娜的心變得更加仁慈。

而你的心也可以做到。

善待自己的痛苦

當我們與過去的痛苦面對面時，彷彿進入了靈魂暗夜，這些痛苦令人難以忍受。治癒它們的唯一方法就是保持靜止、感受當下並且友善地對待這些難受的感覺，如此一來，就能創造一個突破口，讓自我同情心湧現。

傑克・康菲爾德（Jack Kornfield）[1]寫道：「當我們停止對抗自身的困難，找到對付心魔和困境的力量時，我們往往會發現自己變得比以往更加強大、謙虛和堅定。想要度過難關，就必須用大智慧。」

仁慈可以整合自己不願面對的層面。

神經精神病學家丹尼爾・席格（Daniel Siegel）認為「整合」是將思想和內心聯繫成一個連貫的整體，是療癒、和諧與幸福的源頭。

他寫道：「整合在心智上會顯現為善良和同情。」

狄娜已養成八年多來的冥想習慣，她對這個說法表示贊同。「我在冥想時會說：『我很開放，我樂於嘗試。來什麼都好，我會照我的方式來處理它。如果還有別的方式浮現，我也很樂見。』自我同情就是通過那種狀態而誕生的。」

自我同情會掀起舊傷

走過黑暗，我們才看得見光芒；經歷過寒冷，我們才知道酷熱；經歷過痛苦，我

1 傑克・康菲爾德（Jack Kornfield），美國佛教內觀派運動的老師暨暢銷作家，著有《原諒的禪修》、《智慧的心》、《當下即自由》等書。

們了解到什麼是快樂。

靜觀自我關懷（Mindful Self-Compassion, MSC）技能培訓計畫的共同創辦人克里斯多福．格默（Christopher Germer）和克里斯汀．內夫（Kristin Neff）指出，大腦需要透過對比才能知道一切。

因此，當我們開始溫柔地檢視內在，對自己表達溫暖的祝福，或使用諸如「我能夠感到安全」或「我可以感到祥和」之類的溫柔短語時，我們自然會想到過去沒有被善待的痛苦時刻，激發出痛苦的感受，以及自我憎恨或羞愧的情緒。

格默用「火焰復燃」來比喻這種情況：當火焰被剝奪氧氣後，再吹進一股新鮮空氣時，火勢便會擴大，而且通常伴隨著咆哮聲。如果陳年的痛苦在我們的表層意識底下燃燒，一旦我們開始溫柔地關照自己，就會引起爆炸，使陳年的痛苦大聲咆哮，就像火焰復燃一樣。

正如格默所點明：「當你無條件地愛自己時，你也會發現自己不被愛的時刻。」

有一點很重要，必須銘記於心：隨著舊傷逐漸暴露，這份仁慈也會為你帶來療癒的機會。

格默補充說：「當我們說『這是一個痛苦的時刻』時，我們實際上是在創造更寬廣的視野。那是一個正念的時刻，是一個真正選擇友善的時刻。」這樣不僅可以治癒過去的痛苦，還可以使我們更快樂，對他人更友善。

在靜觀自我關懷計畫中，參與者每個星期上課兩小時，為期八個星期。他們會學習正念和自我同情的基礎知識（例如第五章描述的「慈愛冥想」、第十一章的「手放在心上」以及第十二章的「自我同情的陳述」）。

分析自我關懷計畫的效果，將完成計畫的人與候補名單上的人進行一番比較後，結果令人眼睛一亮。

藉由建立內在資源來面對自己和他人的苦難，計畫中的參與者變得對自己和他人更具同情心，除此之外，隨著時間推移，人們會持續獲得心理上的益處：自我同情、正念和增加對他人的同情心。他們也對生活更加滿意，減緩了焦慮、沮喪、壓力和逃避的問題。

自我同情技能培訓已被證實對各年齡層、不同種族和文化環境的人都有益，包括青少年、退伍軍人和看護人員。

所有的益處皆來自於我們選擇對自身的痛苦展現善良。而這種養成技巧只需要每天花幾分鐘就能見效。

善良的練習：少量的自我仁慈

就像狄娜所發現的，重複短短的冥想練習，可能對療癒有極大的幫助。這是一個明智的作法，因為它讓你不用花二十分鐘以上進行更正式的冥想練習，讓整個過程變得更簡單，而不是汲汲營營想進入狀況，卻老想著「我無法活在當下」的感覺，讓人挫敗連連或變成只是在做較長的白日夢而已。一天當中重複短暫的冥想，將促進大腦中積極的神經可塑性，打造全新的連結。正如格默所強調的：「由於我們大部分的苦難都發生在日常生活中，因此，全天候培養非正式的三分鐘練習會增強自我同情心。」

狄娜欣然為你提供以下這種冥想方法：

溫柔的擁抱

讓自己安頓在舒適且放鬆的地方。

容許讓意識近入寧靜與和平的狀態。

讓你體內的肌肉放鬆、放鬆、再放鬆，直到徹底放鬆的狀態。

此刻，讓自己找到一個自由的時刻，從最近困擾著你的一切中出離。

感覺你的呼吸逐漸深入胸部和腹部。

堅定地知道當你連結呼吸、心中永遠存在的能量和愛的時候，認知到自己的直覺引導（比自我強大的力量）始終存在於舒適、自由和智慧中。

你的高我和內在最高直覺認知與能量，總是強大到足以吸收你想放開的一切。

進入你內心能量所創造出的溫和理解與療癒空間。

讓自己深吸一口氣，感覺到自己承擔的重量逐漸消散，讓善良且舒適的存在帶給你絕對的和平、安寧和自由。

當你處在愛與同情的環境時，就創造了療癒的契機。在某種程度上，你會得到撫育自己的機會，成為一個善良戰士，讓自己付出愛的行動。

當你培養自我同情心時，就會增強同理心和賦能，因此你不太可會陷入同情昏睡狀態。自我關愛的技巧就像無時無刻陪伴在你身邊的一位關懷保護者，將幫助你減輕痛苦和磨難、羞愧和脆弱，並將其轉變成美麗的樣貌。

它允許不被接受的部分自我與新的經驗相結合，這些新的經驗能帶來滋養和幫助。如此一來，會幫你建立適應力，並為感激、寬恕、愛心和目標開闢一條通道。

對於狄娜而言，「它找到了心中的深處，力量、和平與智慧的內在泉源，了解每個人在內心深處的本質，即便有時很難注意到——就像在搖滾音樂會上的耳語。」那個耳語可以幫助你無條件地接受真正的自己和他人。

反思

透過對自我仁慈，我尊重自己所有脆弱的部分，包括醜陋與美麗，並且感覺到自己是如此的可愛。

第17章 人類與自然的關係

一直以來，我都以花園的形象來比喻如何培養一顆良善的心。它不是一個新的隱喻，因為聖賢、詩人、神祕主義者和科學家也喜歡將自然與我們內在的主觀生活聯繫起來。

大自然對艾薇有強大的療效。艾薇是位年輕女子，她曾經很難享受當下，也很難對人表示善意。

艾薇想出了一種策略來應對童年時期遭受虐待的經驗：她會脫離自己的身體。（這是在第八章中所提到針對創傷壓力的凍結反應。）在一個支持團體的保護下，她試著學習認知和基礎訓練，但是對她來說這從來都不是一件容易的事。

然後，她向團體分享了，是哪些東西幫助她復原。

那是一部動畫短片，名為《種樹的男人》（*The Man Who Planted Trees*）。這個虛構的故事是關於法國人布非耶，他在經歷第一次世界大戰的摧殘後，用一小袋橡實獨自種植出一片壯麗的森林。

隨著樹木長年下來的擴大生長，動物到來，水源湧現，人們來到村莊，使整片土地恢復了生機。這是對一個人在一個時刻、一天、一年、一次滋養力量的最佳隱喻。

對於艾薇而言，她的復原進展就像一次種下一顆橡實。

透過與大自然相處，我們為自己提供了一份偉大的禮物：與萬事萬物相連的感受。我不斷被提醒，孩子們其實都憑著直覺做到這一點。

在一個初夏的清晨，我很驚訝地看到喬西像花園矮人般靜靜地坐在餵鳥器的旁邊。奇怪的是，她穿著冬天的靴子，上面撒滿了鳥餌。不出所料，一隻花栗鼠匆匆忙忙地跑過她的腳邊，還有一隻小鶺鴒駐足在她的膝蓋上。她像一塊岩石，一動也不動地坐了二十分鐘。當她終於進來時，我問她在做什麼。

「我在等查爾斯，」她說，「一隻土撥鼠。」

那天，喬西如此協調一致，她在如此深刻、內心的層面上表現出滿足感，讓我真心讚嘆自然界的療癒力。

艾薇也深知道自己的康復需要長期持續的關心，她只需要給自己時間。

大自然成就了我們

在如今的時代，當我們有許多人生活在不自然的空間，並且依賴於科技時，我們很容易失去與環境和彼此的聯繫。

我們可能錯失了大自然給我們的教誨。但是，如果我們付出關注的話，大自然可以是一位優秀的老師，正如德國林務員彼得．渥雷本（Peter Wohlleben）告訴我們的那樣。

他寫了一本迷人的書，叫做《樹的隱祕生活》（*The Hidden Life of Trees*）。渥雷本觀察到，樹木就像人類一樣，會發展友誼並以關懷的方式交流。他寫道：「一棵樹只能和周圍的森林一樣強壯。」有些樹群的根部是互相纏繞，以至於它們可能一起死去。

孤獨的樹木必須承受孤立的感覺；樹木使用氣味和電子信號警告其他樹木即將可

能出現的攻擊，樹木之間存在叢林法則，可促進森林的整體福祉和互惠。

聽起來與人類非常相似。

自然界中的彼此存在著某種共通聯繫，這些生物顯現出萬物一體且令人崇敬的特質。

我們身體的自然恢復力

擴大友善的最簡單方法，就是置身於大自然中，感受愉悅的感覺。

科學家持續發現，大自然中豐富的體驗會喚起正面情緒，例如讚嘆、美麗和驚奇的感受，進而促進我們的健康。

一些科學家甚至表明，大自然的療癒作用已深深滲透到我們的人體構造中，直達我們的基因，畢竟人類已在地球上生活了很長的時間。

許多研究顯示，我們在不知不覺中對自然做出反應，同時使我們的身心感到平靜。大自然會影響人體的副交感神經系統，有時也被稱為「休息和消化」系統，因為大自然有助於安撫，而且不需要花很多時間，比如在公園裡散步二十分鐘就會觸發心率和情緒的正向變化。

身處大自然，可以幫助你減少反覆思考，反覆思考是一種消極、自我批評和悲觀的思維，是造成抑鬱和焦慮的主因。

一項研究顯示，使用功能性磁振造影，在人們去戶外活動九十分鐘之前和之後對他們的大腦進行掃描，報告顯示他們的反覆思考狀況皆有減輕，而且與孤獨相關的大腦部分顯得較不活躍。

經歷一番壓力後，單純去聆聽大自然的聲音，也可以使身體恢復平衡，而在醫院病房中欣賞樹木，甚至是大自然的照片，也能加快手術復原的速度，並減少對止痛藥的需求。

大自然還可以提高人們的注意力、激發創造力、喚起驚嘆並鼓勵友善。當你沒有多工執行任務時，你的大腦在前額葉皮層中就有一個「預設網絡」（default network），可以在大自然環境中運作，這是大腦中富有想像力、創造力、反思能力的部分，它能為生活經驗賦予意義。讓大腦在大自然中休息時，可以被激發出嶄新的想法並且解決問題。

加州大學柏克萊分校的科學家進行了一系列研究，證明身處於美麗大自然的心理好處不僅限於感覺良好，還能令人行善。

例如，在其中一項研究，測試被要求玩電動遊戲的人們會不會放棄或分享積分，結果顯示那些看到美麗風景的人比那些看到較少自然美景的人更有可能分享。另一項研究證明，即使只是待在有植物的房間裡，也可以帶來更多的幫助行為，該研究告訴被測試者，他們可以通過折紙鶴來支持日本的地震救災工作，然後藉由每個人折了多少隻紙鶴來衡量他們慷慨的程度，結果證實，暴露在更多綠色植物房間中的人，感到更加快樂，所折的紙鶴數量也更多。

你可以刻意與自然世界建立連結，這是一種影響深遠的善意。在欣賞和關心自然的同時，自然也會持續滋養你。

當你感覺良好時，也更有可能對他人表達友善。

善良的練習：接觸自然之美

大自然能恢復我們的精力，使我們與他人建立深厚的聯繫。喚起大自然在日常生活中的鎮定作用，就是對自己友善。

無論你現在居住何處，住在都市還是鄉村，都要考慮與大自然的聯繫。

盡你所能設法待在大自然和自然風景中。

以下提供付諸實行的一些建議：

- 設置餵鳥器，並且觀察鳥類、花栗鼠和松鼠的聚落。
- 打造一個充滿魚群和珊瑚，色彩鮮豔的水族箱。
- 在牆壁掛幾幅自然風景的圖像。
- 播放大自然的聲音。
- 製造一個令人放鬆的噴泉。
- 觀賞星星或月亮。
- 漫步穿過公園，同時注意樹木、鳥鳴、昆蟲、陽光和微風。
- 造訪美國國家航空暨太空總署（NASA）的線上圖庫，欣賞銀河星系，或者與雲彩鑑賞協會（Cloud Appreciation Society）中的觀雲者一起觀賞世界各地看到的雲之生成。

- 建立十大影片或網站清單，能引起對大自然力量和野生動植物的讚嘆。

不需要去到任何地方，也能聯想到大自然世界的美麗。以下是可以隨時隨地嘗試的形象化方法：

如果頭腦就像一座花園，那麼想像一下溫柔且細心地照料它會很有幫助。想像自己置身在自己建造的自然保護區，例如一座祕密花園。運用你的心靈之眼，創造一個神聖的住所，一個被大自然包圍、充滿愛心和熱情的地方。

或許你能想像自己在舒適的家庭花園中，一個建立在堅固基礎上安全處所。也許你在茂密的叢林、一棟樹屋或充滿蘭花的溫室中。

無論你的花園看起來多麼凌亂或者稀疏，只需要融入它的美麗之中，關注各式各樣的有趣之物，注意它們的顏色和香味。

現在，在這神聖的空間中輕柔而自然的呼吸，在幾分鐘內重複一遍又一遍。當你感到祥和時，將你的意識帶回到周圍的環境中，同時了解自己隨時能回到內心世界中休息。

看到我女兒等待動物接近時的靜止狀態，提醒我大自然如何使我們不要失去與善良本性的聯繫。

萊納．瑪利亞．里爾克（Rainer Maria Rilke）[1]寫道：「如果我們服從大地之母的智慧，我們就會像樹木一樣紮根向上。」如同樹木一般，你天生具有一種內在的韌性，可以在與自然和彼此交流中茁壯成長。

在自然界中，你可以擴大認知、融合愉快的感覺並且感到連結。這些是使神經系統平靜的方法，讓你自在地面對不舒服的感覺。

你的身體一直在試圖傳達一些有關你自己和周遭世界的重要訊息，這些資

1 萊納．瑪利亞．里爾克（Rainer Maria Rilke），德國詩人。

訊值得我們的尊重。在接下來即將進行的幾章中，我們將透過關注你的身體，讓你從內而外地培養友善。

反思

大自然不會批判我，而是會以友善和耐心的眼光看待我所展現的自己。

第 18 章 全然接納

我們習慣落入自己「應該」成為誰的狹隘觀點，我們也被教育成要互相批判，這就是為什麼「無條件接納」對我們來說太過顛覆。

伊麗絲從她最年長的孩子那裡學到接納的力量。

「隨著每一次夢想破滅，我開始意識到，我的孩子沒有依照我為她編寫的人生劇本走，」伊麗絲寫道，「我的孩子出現許多症狀，越來越明顯，諸如焦慮、沮喪、口吃、結巴、拔頭髮、撕皮膚、睡眠障礙……我夢想的每一部分都在逐漸瓦解。」

當伊麗絲與我（有兩個女孩的母親）分享她的故事時，我可以想像她的渴望和困惑。

伊麗絲以前很嚮往舉辦公主的主題生日派對、美甲美足療程和母女約會，然而事與願違。當在小學要進行父女共舞的時候，光是為女兒找到適合的服裝就非常痛苦難忘；她初經來潮時簡直是一場噩夢。緊接而來多次住院治療的期間，整個家庭承受巨大的壓力，以至於伊麗絲情緒性地辦理出院。畢竟，兩個年幼的孩子都需要她。有一天，十五歲的女兒給她傳了一則重要訊息：我是男孩。

出櫃後，過去十年的痛苦立刻成為關注的焦點，伊麗絲停頓了很長一段時間。「然後我對我的孩子說：『我們把妳的頭髮剪掉吧。』當她從不梳理的頭髮被修剪掉時，就像一束光從她的身上發出來。我看到了生活回復正常的可能，所以我想：很好，我們做得到。」

這個家庭的前路未卜，凱特琳．詹納（Caitlyn Jenner）和全國性的非異性戀者廁所法案（LGBTQ bathroom bill）討論仍在進行中。他們盡可能聚在一起學習更多知識，並諮詢專家和醫生。

詹納的兒子蘭登是他們鄰里間第一個跨性別的小孩。這是一個很小型、重視體育、社交保守的社區。

這所學校以前從未經歷過這種情況，當某天有位同學以新的名字和性別出現時，其他父母也不知道該如何向孩子們解釋。

真正影響伊麗絲的，是人們的憐憫。她告訴我：「我剛剛了解我的孩子後，我和一位朋友共進午餐，我們的孩子是一起長大的。她垂下眼睛且搖了搖頭說：『我為妳感到難過。』我知道她沒有惡意，因為我了解她的心，但是這樣依然使我非常困擾，我甚至無法表達這樣的感覺。我回答她：『妳知道嗎？這只是我們要走的路，並不意味著我們有什麼問題，我們只是走在另一條路上。』」

隨著批判和偏見深入人心，伊麗絲意識到了其他人所面臨的挑戰。然而，她選擇堅定不移地繼續愛她的孩子。

她對我說：「我從來不會要求其他人，我並不想說服任何人接受我的孩子，但是如果別人也把我們當人看待，我不明白他們為什麼無法接受。到頭來，我們所有人都希望擁有同樣的東西，我們都希望自己的孩子成為快樂、健康、有生產力的社會一分子，我也沒什麼不同。我心裡知道，如果我不接受蘭登，我的孩子就沒有出路。我不知道有哪個父母會選擇不相信孩子。這個共同點是只要人們願意就能看見的。」

用聆聽去理解

「接納」是從透過傾聽理解而開始，正如伊麗絲在完全接受那封重要的簡訊時所表現的那樣。

「我們以為自己有在聽，但很少有人會真正理解地、有同理心地傾聽，」人文心理學家卡爾．羅傑斯（Carl Rogers）說道，「然而，這種非常特殊的聆聽是我所知最強大的變革力量之一。」

羅傑斯相信，同理心不是一種存在的狀態，而是深入的感知和傾聽的過程，既然這是個過程，因此我們便可以練習和培養它。

幸運的是，生活中有很多機會讓我們去實踐羅傑斯所形容的，「進入對方的私人感知世界，並且完全融入其中。它涉及在任何時刻敏銳地感知另一個人不斷變化的內在感覺，包含恐懼、憤怒、溫柔、困惑，或其他正在經歷的任何感覺。」

有了這種同理心，我們就可以看到另一個人所見到的，對方所做的一切都有意義。就像伊麗絲一樣，我們可以完全接受另一個人。

正如羅傑斯所說：「以這種方式與他人在同一邊，意味著暫時拋棄自己持有的觀點和價值觀，好讓自己不帶任何偏見地進入另一個人的世界。」

允許某人做自己是一種偉大的善舉。

富有同理心的溝通

以增進理解和接納的方式進行溝通，與平凡的日常溝通是截然不同的。它需要徹底改變彼此間的關係。四十多年前，馬歇爾・盧森堡（Marshall Rosenberg）開發了一種稱為非暴力溝通（nonviolent communication, NVC）的方法，有時也稱為「愛的語言」（compassionate communication），該方法已經應用於全世界的教育、心理療法、社會正義和衝突解決的情況中。

在我們的文化中，我們習慣於在靜態、局限且消極的二元分類中相互理解，因為它們屬於道德判斷：批評／獎勵、好／壞、對／錯、聰明／愚蠢、正常／異常、贏家／輸家。

盧森堡將這種現象稱為「離間生命的溝通」，並認為它是暴力的根源。當我們被防禦、憤怒、羞恥、逃避或報復心所淹沒時，這樣的溝通會扼殺善良。

非暴力溝通強調深度聆聽和感受當下，而不僅僅是紙上談兵，因此是一種激進的方法，因為它允許雙向溝通。

非暴力溝通不是專注於個人評斷，而是關注人類需求。因為當需求得不到滿足時，就會出現憤怒、沮喪、愧疚和羞恥。當需求獲得滿足時，結果會更加愉悅、有趣和快樂。

我們的感受源自於各種體驗，而詮釋這些體驗是基於我們潛在的需求：被接受、被愛、被聽見、被看見、被欣賞、被感動、安全、獨立、富有創造力、被激勵。有時候我們不知道自己需要什麼，因為沒人問過我們，我們也不會問對方。

沒人教我們要清楚自己的需求，也沒人教如何表達我們的感受。一旦明白了基本需求，你會開始對自己的感覺負責，並關心他人的需求有沒有被滿足。

這需要愛的耐心，才能退後一步觀察和學習，並且克制自己不要急於判斷。

善良的練習：用善意來聯繫

這個反思練習，邀請你想想自己以往慣於分析和判斷自己或他人的方式，用意是鼓勵你探索新的聯繫方式。

請回想你或另一個人覺得難過的遭遇，可能是為了輪到誰去丟垃圾而爭吵，或是抱怨跟對方傳簡訊很花時間，讓某人感到不受重視或被批判。

當你反思自己的互動時，請遵循非暴力溝通的四個基本元素。舉例來說，以下是我想像伊麗絲完成這項練習的過程，假設她與好意的朋友瑪麗的互相交流。

觀察：觀察是對事件的清楚描述。

你首要面臨的挑戰就是必須不帶任何判斷地注意情況，因為如果我們將評價與觀察相結合，便會產生批評。當我們單純地觀察發生了什麼時，情況便有很開放的討論空間。

評價——瑪麗竟敢有臉對我表示遺憾。

觀察——瑪麗說她為我感到遺憾。

辨別和表達情感：正如第三章所鼓勵的，這表示要有各式各樣的情感詞彙，並且理解感覺和思維之間的區別。透過在收到批評或負面消息時對自己的感覺負責，我們會避免陷入自責或責怪他人的循環中。

責備表達——我覺得被誤解，我覺得妳根本不懂我。

情感表現——我很傷心聽到妳為我感到難過，因為我希望能分享我感到多麼欣慰，我的兒子是一枝獨秀。

從情感的根源找到需求：我們可以用行話或魔術思維來傳達我們的需求，使其他人很難理解我們真正需要的東西，反而讓他們聽到了批評或者他們的表現如何使我們感到失望。

不承擔責任——瑪麗，你說的話真的令我感到困擾。我現在需要一個朋友，而你卻不是。

承擔責任——我現在需要的是某人可以傾聽我的心路歷程。

提出要求：非暴力溝通要求回答兩個問題，這些問題可以帶來快樂且富有同情心的生活。**什麼有助於我們的幸福？什麼能讓生活更美好？**

只要我們能夠關注自己的觀察、感覺和需求，我們就會清楚要提出哪些具體要求，其他人就可以親切地做出回應。如此表示要明確地詢問我們要什麼，而不是我們不要什麼——使用肯定而非否定的語法。

不明確要求——我不希望妳拒絕我或我的兒子。（這可以用肯定語氣說，但仍然含糊不清：我希望妳接受我們的身份。）

明確要求——我想要妳告訴我，即使我的家人做了一些妳不認同的事情，妳依然重視我們的友誼。妳會願意在下一次非異性戀演講中聽我向其他父母分享嗎？

明確反省——這樣清楚嗎？……妳能理解我的意思嗎？……妳如何理解我的話呢？

（正面提出簡單的反思問題可以幫助每個人達到理解。）

請記住，人們正在盡其所能地運用自己擁有的技能來做到最好。注意我們如何溝通是重要的第一步。如果你想了解更多有關愛的語言（compassionate communication）的資訊，可以在非暴力溝通中心（Center for Nonviolent Communication）探索這些技能。

當我們擺脫批判性思維和信念的習慣時，我們便開始發自內心地說話，並開始與仁慈相處。我們學會以更加自覺的談話來應對自己和彼此的結巴或沉默，產生內心的交流。

我們發現這需要花點時間。當我們有意識地使用愛的語言時，我們要思考：

- 我對這個有什麼反應？
- 在這一刻我有什麼感覺？
- 如果我深入探討，什麼需求與我的感覺有關？
- 我是否以正面的方式提出明確的要求？

這些問題象徵一個轉折點：同情昏睡狀態瓦解，我們開始體驗到七大支持元素。正如伊麗絲所指出：「身為人類，我們需要更好地辨別我們的判斷和條件，更要理解條條大路通羅馬，而我們沒有資格去決定別人的選擇。」

透過活在當下、管理情緒且維持洞察力，我們已經為善意的理解播下遍地的種子。

反思

當我清楚了解自己情感之下的需求時，我可以更容易地對自己和他人表現出同情心，找到彼此的共同點，並且接納人們的原貌。

第19章

為我們的靈魂唱歌

一同歌唱總是充滿歡樂。

我的母親喜歡講述三歲的時候，我們不斷唱一首悲傷的情歌，這首歌是有關一朵垂死的玫瑰，德語歌名為「Heiderösleín」，可以翻譯成「田野小玫瑰」。

以前我都唱得很開心。隨著年齡增長，慢慢有了自我意識，我開始變得害羞、不安、不敢大聲說話，而且害怕在公開場合唱歌。

當我六年級合唱失敗後，我完全停止了唱歌。在高中時，當我的朋友們大聲唱著旅行者樂團（Journey）、史普林斯汀（Springsteen）和U2合唱團的歌時，我只會假裝跟著哼唱。即使當我自己十幾歲的女兒喜歡復古懷舊，並且高歌《不要停止相信》（*Don't Stop Believin.'*），我還是默默地感到難堪，好像全宇宙都在取笑這個鄉下女孩一樣。

然後我參加了「恥度全開營」。這是我們給布芮尼・布朗（Brené Brown）創辦「大膽之途」（The daring Way）訓練課程的暱稱。為了幫助其他人建立羞恥適應力，並且學習如何「大膽表現、脫穎而出以及更勇敢地生活」。

我們未來的輔導員連續三天盯著我們每個人的羞恥感。最具突破性的挑戰是必須獨自用德語唱卡拉OK，曲子有貝多芬第九號交響曲和歡樂頌。

用德語唱歌？我突然感到很脆弱，無處可逃。然而，在那幾分鐘的歌唱中，一百個人形成了公眾壓力，我的淚水讓我的歌聲伴隨著哽咽。在這個充滿陌生人的房間裡，發生了某個很重要的變化——原來沒有人在批判我，除了我自己。

當我從工作室回到家後，我大膽地加入了一個名為「女人之歌」的唱歌社群。在這個安全的空間中，女性可以透過聆聽和重複練習來學習音樂，不需要任何經驗或看樂譜，只需要人到場就行了。

我哼哼唱唱了好幾個星期，直到熟記歌詞。聲音的力量在一群互相關懷的女性中深具啟發性。

我們為自己與彼此而高歌，並在慈善之家唱歌作為服侍。

對我來說，加入這個團體等於跨出勇敢的一小步，那裡有樂於接納、不會批評的聽眾，所以我參入了合唱團。

共譜樂章

正如詩人艾蜜莉．狄金森（Emily Dickinson）所寫：「希望鑲著羽毛，棲息在靈魂裡，唱著無詞的歌曲，從不止歇。」

唱歌能夠改變情緒，並且會強化社會聯繫。它在不同世代和不同文化中都有悠久的歷史，代表它具有進化適應力。

我們聽到的第一個聲音是搖籃曲（安撫的旋律），滿足了我們基本的社會接觸需求。我們透過集體唱歌學習字母表，也用唱歌來紀念許多傳統、儀式和慶祝活動。

布朗在《不完美的禮物》（*The Gifts of Imperfection*）中寫道：「笑聲、歌聲和舞蹈可以創造情感上和靈魂上的聯繫；它們使我們憶起，當我們尋求安慰、慶祝、靈感或治療時真正重要的一件事：我們並不孤單。」

透過這種方式，音樂可以引起「情感共鳴」，即當團體中的人互相產生情感上共鳴時所出現的社會同情心，這種人際共鳴可以減少社會衝突，增加更多團隊凝聚力，激發慷慨和療癒，這是一種善良的凝聚，當我們一起唱歌時，我們會一起提升。

心靈同步

你的音樂體驗與神經系統息息相關，尤其是唱歌。根據史蒂芬·伯格斯的說法，許多我們最喜愛的樂器，其旋律發出的頻率就像人類嗓音，稱為「韻律」，其頻率與母親向嬰兒唱搖籃曲時使用的頻率相同。這些旋律的聲音，以及你唱歌時的臉部表情，都會觸動自我安撫系統的神經機制。

音樂對健康有百利而無一害。針對超過四百項有關音樂介入對身心有益的研究進行整合分析，得出的結論是聽音樂可以增強免疫系統、降低壓力水平、刺激抗發炎特性，並且比手術前的抗焦慮藥更加有效。

音樂治療也可以幫助人們面對創傷和失落。

就連讓人潸然淚下的悲傷音樂也有生物化學上的益處，讓人產生懷舊、寧靜或釋放的感覺。

難怪我喜歡那些憂鬱的德國搖籃曲。悲傷的音樂會產生矛盾的幸福感，因為音樂會觸動感情與換位思考，這是一種使你能夠想像，甚至體驗他人正在經歷的能力。

在對六年級學生的音樂欣賞研究中，科學家研究了同理心與悲傷音樂之間的關係。在同理想像方面得分較高的孩子，或者能夠想像自己處於別人狀況下能力的孩子，更喜歡悲傷的音樂。這些孩子體驗到了情感喚起的愉快層面，即「甜蜜的情感」，因為儘管音樂是悲傷的，但聆聽者卻體驗到正面的情感。這項研究也顯示，將兩個對照組的孩子相比，整個學年每週固定參加一小時音樂課的孩子，其同理心得分明顯提高。

無論收聽、彈奏或吟唱哪種音樂，都將帶來社交益處。你的同情網絡會被啟動，使你感覺到與他人的連結。

從神經化學角度來講，聽音樂會釋放催產素和血管升壓素，這些激素可調節社交關係和聯繫。快樂的歌曲，像是《走在陽光下》（*Walking on Sunshine*）或《褐色眼睛的女孩》（*Brown-Eyed Girl*），讓人們變得更加合作無間，更別說音樂本身也能振奮心情。

研究音樂對大腦和身體影響的科學家，幫助我們了解到，為什麼一起唱歌會對我們有這麼深刻的影響。

當歌手們的音樂和諧一致時，他們的心律會同步，隨著歌手們的心肺都以相同的頻率振動，生理上的同步也會發生。同時發生的音樂活動，例如團體合唱、吟誦、跳舞和打鼓，反映了一種社會協調感，也會增進信任和幸福感。

幾個世紀以來，社會和宗教團體都會傳承簡單的咒語、聲音振動或簡短的肯定短語。身為國際音樂家與《音樂與咒語》（*Music and Mantras*）的作者，吉里斯（Girish）寫道：「我們的歌聲是與我們內心深處直接且生動的聯繫，找到這種聲音自然可以治癒、調整並賦予我們力量。」實際上，你的大腦和身體節奏在內心與他人之間保持同步，才能得到神經化學物質上的幸福感。

善良的練習：動人心弦

柔拉・涅爾・賀絲頓（Zora Neale Hurston）寫道：「我發現愛就像唱歌。每個人都可以盡可能滿足自己，儘管鄰居可能不會賞臉。」

每天三十分鐘，試著將音樂帶入生活並且盡情享受，可以在浴室或汽車裡面唱歌，甚至與其他人一起唱歌。

拿出塵封多年的樂器，或是試著彈奏新樂器吧。尋找在宗教活動、節日或家庭聚會中唱歌的機會。你還可以建立能帶來鼓舞或安慰的歌曲播放清單，當你在戶外行走或跑步、開車、煮菜，又或者單純只想坐下來聽聽音樂時，請隨身攜帶它們。

也許沒有什麼能像音樂一樣喚起仁慈並深入我們的靈魂。唱歌需要深呼吸，讓你堅定地活在當下，觸發包含存在、情感調節和保持遠見的核心要素。

在一個焦慮不安的世界，你需要重新設定過度活躍的思維，穩定狂跳的內心。歌曲和舞蹈照亮了我們彼此之間的原始聯繫，就像大自然可以使我們腳踏實地，雙手的柔軟觸感可以比文字帶來更多慰藉。

這些都是和諧、希望和療癒的表徵，它們可以使你的內心充滿深遠的仁慈，使你和其他人恢復真實的自我。

善良正是我們對他人演唱的愛之歌。

反思

當我唱歌跳舞時，我的身體與生命合而為一。

第20章
珍惜小小事物

當談到愛情和浪漫時，我們可能會把某個人理想化，設下非常高的標準，以至於錯過兩人親密連結的微小時刻。布芮尼．布朗也說：「太計較會讓幸福溜走。」

麗莎絕對需要做心理檢查。她一直在尋找長相帥氣、多金又閱歷豐富的魅力男子。她渴望白馬王子騎著白馬來接她。諷刺的是，她卻發現自己總是被膚淺的男人虐待和羞辱。

這是一個大家司空見慣的故事。

在她的版本中，麗莎習慣性地將自己生活的掌控權交給這些男人，他們不給承諾，不說「我愛妳」。

然後發生了一件與麗莎愛情生活無關的事——起碼她是這樣認為的。

麗莎的父親因癌症驟逝，因此她必須陪在媽媽身邊。「我們有固定的約會，每個星期五都會一起做皮拉提斯，還會一起煮晚餐，一起待在房子裡看老電影。我因而對父母的婚姻更加了解，也明白了為什麼他們的感情會這麼好。我記得媽媽告訴我，每晚入睡時，他們都會手牽著手。這幾年來關於他們共同做的各種小事，不停感動著我。」麗莎的父母是彼此的摯友。

令人震驚的是，在她父親過世後僅僅兩年，她的媽媽被診斷出患有末期癌症。對麗莎來說，這又是一次沉痛的打擊。

「有一次我媽病危，我趕去急診室。當時她正在使用止痛藥，醫生問她：『現在是哪一年？』她回答：『一九六五年。』那是爸爸和媽媽相遇的一年。我心想：哦，她回去了，她想和他在一起，所以要回到那裡。」

母親去世後，麗莎花了很長時間才從喪親之痛中恢復過來。「感覺像帶著傷口外露的槍傷到處閒晃。在那之後我變得更加清楚自己所要的。關於找到白馬王子的神話，我原以為的愛情關係，這一切都不存在了。」麗莎回憶道：「即使我永遠不想重來一遍，我還是很感激曾經和媽媽在一起的時光，那是一樣禮物：我學會了如何去愛。」

最後，麗莎確實遇到一個人並結婚了，因為某個時刻，讓他們兩人有了交集。「某天他告訴我一個關於他母親的故事。她在一個婚宴櫃檯前昏倒，死在他的懷裡，多麼令人心碎。我心想：『我的天啊，我不知道原來我們還有這層關聯。』當他與我分享他的故事時，我便與他分享了我的故事。」這段友誼就這麼開始了。

很久以前，麗莎寫下了她理想伴侶的條件清單。第一個條件是「善良」，最後一個條件是「會珍惜我」。珍惜某人意味著帶著愛心照顧和保護某人，親密地擁抱對方的一切。

麗莎一直都不知道自己需要什麼，但是直到她對父母伴侶關係中的日常愛意表達有了更多的了解之後，她才知道如何找到自己所要。

愛的微觀時刻

作家雪兒．史翠德（Cheryl Strayed）寫道：「和那些與你心有靈犀的人進行交流，即便是最微小的交流，這當中的療癒力也不容小覷。」史翠德的靈魂著作《暗黑中，望見最美麗的小事：接受不完好、活出自己的五十六道練習》（*Tiny Beautiful Things: Advice on Love and Life from Dear Sugar*）提供了原始且簡單的關係修補方式：持續去愛，表現出來，並大聲說出來。

對一個害怕說「我愛你」的讀者，她寫道：「勇敢說吧……不要思考太多或感到害羞，傻瓜才會這樣。鼓起勇氣，展現真實的自己。練習對你所愛的人說愛，這樣等到最重要的時候，你就做得到。」

這三個字可能會產生巨大的影響，尤其是當你真的這樣認為，並且經常重複它們的時候。最關鍵的就是練習，我們越早開始，生活就會變得越好。

全方位生活基金會（Holistic Life Foundation）的共同創始人安迪・岡薩雷斯（Andy Gonzalez）也認同這種做法。他向市中心貧民區的青年、住在流浪者之家的年輕婦女以及眾多企業家傳授正念。他認為說「我愛你」的對象不應僅限於戀愛對象。

岡薩雷斯堅定地認為這個定義太過狹隘，他相信全人類都應該聽到這三個特別的字。因此他以身作則，經常對工作上遇到的孩子們說「我愛你」，讓孩子們終於也開口說愛。

他的方法挑戰了人們的判斷力。「你會發現孩子們在想：『我應該愛我不喜歡的人嗎？』然後我們與他們聊天，詢問：『難道你不認為那些人是真正需要愛的人嗎？』而且他們是那些特別需要很多愛的人。」

岡薩雷斯說：「當你總是由內而外散發出愛時，它就會傳播開來。我們常說一句話：『我們就像愛的殭屍。』就像我們用愛感染人們一樣。這就是目標。」

這種積極的傳染效應是真實的。情感研究者芭芭拉．弗雷德里克森（Barbara Fredrickson）廣泛地將愛定義為主要的正面情感，這種情感會在長久的人際關係和友誼中產生某種「正面共鳴」，也會發生在陌生人之間的微小時刻。

她主張要與兩個以上的人分享愛，而愛包含在正面情緒的十項清單中，其他還有喜悅、感激、寧靜、興趣、希望、驕傲、娛樂、靈感和驚嘆。她說，愛是「以上所有」的正面情緒，是積極、人際共處和相互關懷的有力融合。對我而言，這肯定了善良確實是行動中的愛。

大動作並不能讓我們之間更緊密，只有每天的積極互動才可以做到。這是麗莎從父母和自己婚姻中漸漸體悟到的。

努力爭取聯繫

心理學家約翰（John）和茱莉．高特曼（Julie Gottman）在華盛頓大學的愛情實驗室研究夫妻已有四十年了。當夫妻在一個週末的模擬生活中互動時，研究人員透過分析影片記錄、進行生理測量並且追蹤他們數年後，對他們進行研究。他們的結論為，建立穩定和長久關係的祕訣是一個數學方程式：神奇的5：1比例。只要同伴之間的積極互動是消極互動的五倍，一段關係便很可能是快樂和長久的。高特曼夫婦甚至可以根據十五分鐘互動的前三分鐘來預測這對新婚夫婦的婚姻是否能維持下去。

他們從獨特的角度檢視婚姻，而且能夠辨別有關婚姻幸福的「模範」與「災難」。不像一般人所認為的，重點不是哪一對夫妻比較少吵架或打架。準確地說，模範夫妻更加鎮定、有彈性和寬容，會培養信任和親密感，並且肯定他們伴侶的積極態度；災難夫妻表現出互不信任的模式，愛針對對方的缺點，總是準備戰鬥或逃離。

換句話說，**最重要的不是言語，而是互動中微妙且不言而喻的小事**：觸摸、微笑、大笑和稱讚。我想到了麗莎的父母每晚都在床上牽著彼此的手。

約翰·高特曼（John Gottman）在《七個讓愛延續的方法：兩個人幸福過一生的關鍵祕訣》（*The Seven Principles of Making Marriage Work*）中寫道，幸福的關係基本上是建構在深厚的友誼之上。

「這些夫妻往往對彼此有很深入的了解，他們非常熟悉彼此的喜好、厭惡、性格怪癖、希望和夢想。他們會持續互相關心，不僅高調地表達出自己的愛，而且也會表現在日常細節中。」

當夫妻之間建立或爭取聯繫時，他們會對另一方表示讚賞、關注並認識彼此的需求，這些都屬於善良的表現。正如雪倫·薩爾茲堡（Sharon Salzberg）[1]所講的，真正的愛不僅僅是一種情感，也是一種能力。

即使有分歧，幸福的夫妻也處於「正面情緒優先」的狀態，在這種狀態下，他們本著相互關心和正面情緒的精神來解決問題。茱莉·高特曼表示：「善良並不表示我們不會表達憤怒，善良會影響我們選擇表達憤怒的方式。你可以將矛頭對準自己的伴侶，也可以解釋為什麼你感到受傷和生氣，這才是更友善的方式。」

艾蜜莉・艾斯法哈尼・史密斯（Emily Esfahani Smith）在對高特曼研究的摘要中總結：愛的祕訣就是善良，這篇摘要成為《大西洋》（*The Atlantic*）雜誌最受歡迎的十篇文章之一。她解釋道：「有兩種思考善良的方法，你可以將其視為固定特質：要嘛有，要嘛沒有。你也可以將善良視為一種肌肉。對某些人而言，這個肌肉天生比其他人強壯，但是經過練習後，每個人都可以變得更強壯。大師們傾向於將善良視為一種肌肉，他們知道必須鍛煉它才能維持形態。換句話說，他們知道良好的關係需要持續努力。」這樣的努力能帶來喜悅的成果。

可想而知，模範伴侶更健康且壽命更長。他們在受到壓力時表現出較低的生理反應，而災難伴侶則在互動時表現出較高的戰或逃狀態，即使他們沒有爭執也是如此。幸福的夫妻會互相說「我愛你」，他們每天純潔地親吻和觸摸，而且其中百分之八十八的伴侶每個禮拜都有約會之夜。

1 雪倫・薩爾茲堡（Sharon Salzberg），《紐約時報》（New York Times）暢銷書作家，著有《靜心冥想的練習：二十八天在家自修的正念課程》（*Real Happiness: The Power of Meditation A 28-Day Program*）。

真正重要的是微小之處，也就是珍惜生活的日常行為。不僅是親密關係，珍惜小事對於所有關係都適用。

善良的練習：擁有與維持

知道我們最珍惜的事物似乎很簡單。然而，我們能很容易會將它們視為理所當然。珍惜就是檢視並欣賞這些微小而美好的時刻。

為此，重要的是在當前努力連結，無論是隨時知悉某人的日常生活並感到好奇，或是支持對方未來的夢想都可以。

以下是高特曼學院對「珍惜」技能的修改，該機構致力於促進健康關係的研究和培訓。把它當作努力的養分，用來增進當事者關注的所有關係。

在日記中寫下你對伴侶、朋友、家庭成員或孩子所珍視的特質。

你可能會記下一些個性特質，例如好奇、堅定、有趣、義氣、機智，還有很多其他的可能性。

接下來，使用你選擇的文字，將對此人的愛慕或欣賞寫成短信，透過描述原因來表達你的珍視，別忘了包含一些小事，然後以愛的陳述作為此信的結尾。

有趣的是，愛的科學證明了顯而易見的事實。因為我們渴望愛與善良，所以任何逃避、批評或藐視都會侵蝕彼此間的聯繫，削弱身體的防禦機制，甚至於縮短生命。

我們可以更愛彼此、更友善，說出自己的真心話。我們甚至可以深愛一個人到全然地敞開心胸。

讀到現在，你已經了解到，某些經驗可能會阻撓你發揮愛與友善的本能，不知不覺陷入同情昏睡狀態。

打破昏睡狀態，意味著將自己暴露於生活的各種型態中：善、惡、醜、美。要相信你的身體能成為訊息傳遞者，以及你的內在天賦可以用愛和善良來回應。

仁慈要透過日常練習。當你向生活完全敞開時，就能同時欣賞生活中的苦難和甜蜜。如此一來，你便可以準備學習表現仁慈最親切的方式之一：感恩。

反思

我願意珍惜人際關係中感到愛和善良的短暫時刻，因為我知道當下就是最美好的瞬間。

第21章

感恩的態度

善良和感恩是相輔相成的，因為我們會接受也會表達感激之情。善良世界電臺系列節目的製作人艾瑞卡．蘭茲（Erika Lantz）也注意到了這一點：「人們講自己故事的主要動機，是希望他們能好好感謝對自己有影響的人，這是他們表達感激的方式之一，他們想讓全世界知道，『有人為我做了這件事。』這同時也是表揚並鼓勵善良的方式。」

有時我們根本不知道要如何表達感激。多年來，許多人與我分享了身邊值得感恩的故事。根據他們的說法，這是我收集的「善良新聞」中傳達出感恩力量的一些真實故事：

- 有一次，我發現我的車上有一張匿名的紙條，上面寫著：「謝謝你的好意和笑容，你不知道這對我來說有多麼重要。」我不知道是誰給了我這張紙條，但是它對我產生了深遠的影響。
- 我在經濟拮据的環境下長大。一九九五年，我的第一位寫作老師給我買了一臺打字機。由於他當初的好心，如今的我成為了一名獲獎的劇作家。我永遠不會忘記他為了支持我前進所做的一切。
- 當我意識到自己忘記帶錢包時，我正坐著計程車去機場，打算搭乘前往紐約的班機。當時不需要身份證也能上飛機，但是我真的需要現金支付兩邊計程車的費用。我正要去面試，而且無法取消！當我向計程車司機解釋時，他說：「小姐，我了解失業的感受。」他拿給我兩百美元，以支付紐約市的計程車費用。我感激萬分，所以第二天我還給他三百美元。他完全沒有想到我會還他錢，因為他是一個可愛且慷慨的人。
- 我喜歡寄卡片給別人，有時沒有任何理由，只是想讓他們知道我很想念他們，這麼做帶給我很多樂趣。在康乃狄克州桑迪胡克的學校悲劇發生後，我們所有人都開始為彼此和幫助過我們的人們留下紙條。

- 在我接受癌症治療的期間，一位同事貢獻了她的私人時間幫我代班，讓我能夠安心進行手術，而不必擔心被扣工資。我希望她知道，對於她貼心和無私的舉止，我感到多麼感恩和渺小。
- 我哥哥四十年前去世時，一位朋友給了我一本撫慰人心的名言錄，我現在還是會拿來翻閱。這位朋友和我並不親密，後來我們失去了聯絡，但是我將永遠感激在心。比起偉大之舉，這樣的小恩惠反而使我更加感動。
- 我的女兒獲得了大學獎學金，完全歸功於她的成績、努力和個性。須發獎金的特殊家庭基金會知道每一分錢對我們來說都很重要。他們大可以選擇另一個孩子，也可以把這筆錢省下來，相反地，他們很友善，他們幫助了我們。每當我想起這件事情，眼睛依然會湧現感動的淚水。它改變了我們的生活。

平凡的祝福

神學家兼神祕大師艾克哈（Meister Eckhart）說：「如果你一生中的祈禱有說了

『謝謝你』，便足夠了。」

無數聖人和靈性大師、冥想領導者和作家都強調，在有意義的生活中，懂得感激有多麼重要。**真正的感激不僅出自於良好的禮貌，而是因為對生活中的脆弱和美麗有深刻的理解和開放的心態，能夠在平凡的經歷中找到祝福。**這是一種感恩的訓練。

天主教本篤會修道士大衛．斯坦德拉（David Steindl-Rast）寫道：「感激之情源於一種洞察力和認知，即別人將好處給予我，而且是免費提供的，代表著一種恩惠。當我認知到的那一刻，心裡自然而然產生了感激之情：我認知，我承認，我很感激；這三個概念在法語可以用一句話Je suis reconnaissant.表示。」在此譯本中，斯坦德拉弟兄提供了體會感激的祕訣，而這一切都始於對善意的認知。

感恩的影響

感恩是一種關注和欣賞生活中正面事物的傾向，因此，感恩既是一種感覺，也是一種生活態度。它包括行善，以及對任何有形和無形的事物感到欣喜，好比對玫瑰色的夕陽、減輕病痛的藥物，或是投票自由這類的事感激。

感恩這件事可以立基於人類進化的過程，是我們關懷藍圖的一部分。科學家們認為，表達感謝對於社會關係至關重要，因為它可以將仁慈代代相傳下去。這是在其他靈長類動物身上看到的一種「如果你幫我抓背，我也會幫你抓背」的感情。

這種社會交流被稱為「互惠利他主義」，當我們向某人伸出援手，而對方又做善事回報時，我們就會體驗到互惠。雙方都充滿了正面的情感，讓這樣的交流更有可能持續下去。社會學家葛奧格．齊美爾（Georg Simmel）將感謝之情稱為「人類的道德記憶」。

這種交流創造了幸福感的循環：多項研究表明，除了與諸如快樂之類的正面感覺密切相關之外，感恩在個人幸福、自我接受、生活目標、創傷後成長和身體健康方面都會發揮作用。一般而言，感恩研究會要求人們清點他們的好事，寫在感恩日記上，或者親手交出一封衷心的感謝信。然後將他們與其他付出相似努力程度的人進行比較。結果證明，我們的整個生命都受到感恩的影響，包括心理、身體和社交方面，這些正面的影響可以持續一段時間。感恩可以提高幸福感和生活滿意度、改善睡眠、增強人際關係、鼓勵寬恕、促進利他主義和幫助行為、幫助人們面對包括死亡在內的逆境，甚至可能直接影響心臟衰竭患者的心臟健康。

研究感恩的頂尖科學專家羅伯．艾曼斯（Robert Emmons）提出，感恩對我們的生活產生了四種主要影響。抱持感恩的心將會：

- 透過慶祝或讚賞此時此刻的正面事物，來擴大生活中的美好；
- 阻止嫉妒、遺憾和怨恨等負面情緒，因為感恩和怨恨無法同時並存；
- 減緩壓力並且加快從身體症狀和創傷中恢復的速度，部分原因是從新的角度重新解讀生活事件，例如看到一線希望；
- 經由被他人照顧或欣賞而增強自我價值感。

的確，有時候我們不但沒有感激，反而感到內疚和虧欠，因為得之於他人太多，以至於我們擔心自己永遠償還不了，或是內心深處認為自己不值得幫助，又或者我們感覺受到義務的約束。一項研究發現，虧欠和感激的不同之處在於我們關注自身利益的程度。

基本上，如果你認為自己是一個獨立且自力更生的人，那就比較難體會什麼是真正的感激之情，因為獲得幫助與你格格不入。你與人建立關係的主要原因是使自己受益，例如獲得安全和保障，而不是為了扶助他人時，也會有這樣的傾向。當你看到相互扶助的好處，以此為基礎建立聯繫，並且將他人的幸福視作自己的幸福時，你就會朝著感恩邁步而去。

善良的練習：認識、認可和感恩

因為諸如感激之類的正面情緒轉瞬即逝（所有情緒都是如此），所以培養感激之心能夠讓正面情緒更加持久。遵循瑞克．韓森「擁抱善意」的觀念，是一個練習感恩的好方法，美好的事物才會與你同在。

在第十四章〈接受他人的善意〉中，我描述了韓森所提出的三個步驟，這個方法能夠訓練大腦中的神經可塑性，有助於克服負面偏見，變得更加正面。要培養感激之情，只需要增加第四個步驟：

- 注意或創造有益的經驗。
- 活在當下。
- 讓體驗牢記在心。
- 當你對有益的經驗感到感恩時，請說「謝謝」。

在日常生活中，這可以成為一種簡單、安靜、內在的習慣。

你可以感謝任何人或任何事物：上帝、宇宙、幸運女神或大自然。如果有人對你做了好事，請開始體會感激之情。如此，你將獲得感恩的真正好處，並且發自內心用各種方式表達感謝。

斯坦德拉（Steindl-Rast）[1]弟兄提出疑問：「誰能在感激的最後一吻中，區分誰是施予者，而誰又是接受者呢？」。

感恩賦予了日常生活意義，讓你感到自己對世界的投入很重要，而且我們互相屬於彼此。

當你停下來欣賞眼前的奇觀，稱讚使你感到欣喜的友善表現，或留心生活中的小確幸，你就是在往更好的方向邁進。

藉由感激將善良和同情心融為一體，可以增強你的關懷電路，點燃能量並且建立韌性。帶著愛的視角，你可以更開放地看待生命中所有無可避免喜悅和痛苦。這就是我所說的「善良視角」。

反思

當我努力體會感恩時，我就更能認出自己一生中令人愉快和驚訝的時刻。

1 大衛・斯坦德拉（DAVID STEINDL-RAST），美國天主教本篤會修士，TED講者。

第四部

善良的眼光

第22章
恩典與勇氣

多年前，我在共同領導的一個女性創傷團體中第一次見到凱芮絲。她是這個團體中最年輕的一員，卻擁有非凡的情緒智商，舉止文靜且溫柔，對每個人都有敏銳的同理心。實在難以想像，她的童年曾經歷虐待和忽視，還有許多我們在第七章談到的負面童年經驗。

凱芮絲接受了一連串的精神治療，其中某些治療所造成的傷害遠多於療癒。當她的治療師離開時，她私底下跑來找我幫忙。

日子久了，我看到了她內心的戰鬥和保護意識，也看到她溫順脆弱的一面，以及破壞的力量。當她運用同情想像力來保護和治療自己時，這些特質顯現在日記和語音訊息之中。但是人生的磨難不僅止於此，她還必須對抗各種有害壓力所帶來的折磨，包括焦慮症、慢性疲勞和化學物質過敏症。對凱芮絲而言，每天能夠起床本身就是個奇蹟，因為有時她連這都辦不到。

有時我會被自己的同情昏睡所困擾。幫助凱芮絲滿足她的需求，甚至令我感到不堪負荷；我經歷了心靈清創期間會出現的同理倦怠、信心缺乏以及無助感。深夜時分，我收到一通呼叫，看到是她的電話號碼，我便馬上回撥，以為她恐慌發作或是做了惡夢。

「沒有啊，我沒有打給妳，」凱芮絲回答道，「妳還好嗎？」

我仔細檢查傳呼機，沒有看到任何電話號碼，原來是我自己做了惡夢。下次見到凱芮絲時，我因為打擾到她的睡眠而尷尬地向她致歉。她不加思索地回答：「沒關係，現在我知道了，妳也不過是一般人。」

我們堅定地朝著讓她上大學的目標努力。在不斷尋求有用且安全的指導之下，她穩扎穩打地持續進步。有一天，凱芮絲拿著她的大學申請資料來參加課程。那是一個重大時刻。我們默默地走到街角的藍色郵箱，雙手拿著包裹，一起投遞進去，裡面傳出咚咚的撞擊聲，接著我們轉頭相視而笑，聳聳肩說：「接下來就交給命運決定吧。」

幾年後，凱芮絲將那個歷史性的一刻定義為，日子從「只求活下去」，轉變成漸露曙光，「好像我看到了岸，而且相信自己有機會能夠上岸。」

善良的眼光

當你改變自己面對世界、看待過去及想像未來的方法，善良的眼光就會油然而生。它出自於當下的自我覺醒，就像廣闊的風景在眼前展開。

善良的眼光是一種能力，即能夠用溫和與理解的角度來檢視過往的經驗。有時，善良的視角會自動帶來能夠幫助你茁壯成長的啟發；在其他時候，隨著努力從困難中學習，或是選擇承擔有益的風險，長年下來，你慢慢會培養出善良的眼光。它也可以是一種謙卑的信念，相信自己的生活有目標，無論是哪一種類型或方式。

凱芮絲自己的體悟是：「你將雙膝跪地超過一千次。但是，每一次都有機會傾聽你的恐懼，同時也是一個抓住希望的機會。」

接下來第四部分中的故事，將分享有關善良視角的經歷，探討更黑暗、更令人難以啟齒的經驗，意識到缺陷的脆弱性，被他人辜負的感覺以及作為人類的無數挑戰。善良的目光培養了讓我們從失敗中復原的同理心、修復我們關係的寬恕，以及對人生經歷有仔細理解的同情心。

廣播節目的主持人克莉絲塔・蒂佩特（Krista Tippett）將我們對自己的同情心與同情的終極力量連結在一起：「這是一件多麼令人暢快的事情，意識到遭遇的困難實際上可能是我們最富有的資源，可以提升這種富有美德的同情心，對他人的痛苦和喜悅賦予同情。」善良的眼界象徵著這種力量的深化和擴展，它幫助我們將整個生活與善良融為一體。

創造急速成長

像凱芮絲一樣，你可以振作起來，將恐懼轉化為信念，找到希望，並且想像新的可能性。如第三部分所示，你可以刻意營造出充滿善意的正面體驗，發動急速成長的正面改變。

這股動力為你提供了一個新的觀點，一種善意的視角，用來重新檢視以前對生活的狹隘看法，讓你不再覺得自己是環境的受害者，也不再被動地旁觀瞬息萬變的世界。

當內在的力量獲得尊重和關懷時，你可以學著愛護令人受傷、羞愧或帶有破壞性的部分，而這些部分總有一天會消失，產生更多的機會、熱情和目標，進而激發出來更正向的事物。

當你經歷片刻的正向情緒時，心中就會打開一扇窗，迎來新的可能性。簡單來說，就像呼吸一口新鮮空氣，打開了你的心胸。愉悅、冷靜、勇氣、喜悅和祥和之類的正向感覺確實會稍縱即逝。儘管如此，它們仍然可以鼓勵新的想法、激發創造力、使你重新看待情況、喚起自我反省，促使你達到身心和諧。

心理學家芭芭拉．弗雷德里克森（Barbara Fredrickson）的理論闡明了通往療癒與幸福之路的途徑。

如第一章所述，有了正向情感的幫助，你將有能力擴大和建立內在資源，因為正向情緒具有適應力，可以幫助你用健康的方式去應付周遭的狀況。因此，正面情緒有助於生存，因為它能提升恢復力。

即使短暫，隨著每一次的快樂情緒，經過時間的流轉，你會發現人生中各種可能性的樣貌。當你從這種全新意識形態的角度出發時，你將成為變革的推動者，一個嶄新的原創故事主角。這些經驗會產生更多的正面性。她將此稱為「解鎖效應」（undo effect），由急速成長的短暫正向情緒所引發。

弗雷德里克森和她的同事在「正向情緒和心理生理學」（Positive Emotions and Psychophysiology, PEP）實驗室設計一項研究來測試她的理論。藉由一家科技公司員工參與的一項工作場所研究中，PEP團隊測試了通過冥想來誘發穩定正向情緒的潛力，尤其是像第五章所述的慈愛冥想。

該研究中有一半的員工每週接受六次、每次一小時的冥想指導，並提供錄音檔給他們回家聽，而另一半的人則沒有。結果顯示，接受冥想指導的正向情緒逐漸增加，正念逐漸增強，原先的身體症狀也有所減輕，例如頭痛。

不僅如此，在研究期間的慈愛冥想練習中，表現出正向情緒顯著增加的那些人，在一年多以後仍舊表現如此，他們養成了一種全新且愉快的心理習慣。後來研究人員依據更客觀的數據（例如通過心臟迷走神經張力測量生理喚醒力），或者參考臉部的自然反應（例如眼神凝視和真誠的笑容），檢視經過慈愛冥想訓練後的個體差異，也出現相似的正面結果。

即使練習強度沒那麼高，還是能增加正向情緒，例如花幾分鐘時間回想你對持久關係的親密感或和諧感，或者注意一天中值得欣賞的事物。

總而言之，當正向情緒隨著時間累積，你的幸福感將會增加，耐性也會隨之增強。因此，有目的地規定生活中的正向性不僅會帶來身體上的好處，也會帶來心理上的幫助，例如擴大認知和好奇心，以及更強大的社交聯繫感，更重要的是具有「盡情享受未來事件」的能力。即使進展緩慢，我的病人凱芮絲仍然對她的未來抱持希望和樂觀的態度。

大量的研究成果顯示，可以從高壓或負面的經驗中挺過來的人，更能夠有效地適應各種困境；堅持正向練習的人過得更快樂、更健康，他們也擁有堅韌或「毅力」的特質。

根據心理學家安琪拉・達克沃斯（Angela Duckworth）的想法，毅力是對一個特定的長期目標持之以恆和熱情的結果，就像凱芮絲的目標是「儘管遭受挫折，也要上大學」。

能夠將充滿壓力的情況視為挑戰而不是威脅，會增加你堅持實現目標的可能性，即使目標看起來似乎很遙遠。如果你希望自己有實現夢想的毅力，那麼在負面經驗和失敗中找到正面的意義將會有所幫助。換句話說，就是要「**將危機變成轉機**」。這種友善的眼光讓你深具遠見，即使事情變得更加艱難，你也能在失望中倖存下來，並且重新振作。

善良的練習：增強正向的時刻

好消息是，你可以透過創造正向情緒的微小時刻來培養感恩和毅力，打開自己的心，讓善良和同情心由內向外擴散。認可正向情緒並加以培養的練習，與每天服用維他命、運動、良好飲食以及和他人保持良好聯繫一樣重要，而且正向情緒會不斷地累積。

弗雷德里克森研究的十種正向情緒有喜悅、感激、寧靜、興趣、希望、驕傲、愉悅、靈感、敬畏和愛。你可以將這些以及其他情緒記錄下來。翻到第三章中的情緒列表，並嘗試擴展對生活中正向情緒的認識。

牢記這些，你可以延伸到對過去的看法，並且設想一個充滿正向情緒的未來。將過往的錯誤，視為前進過程中對新看法不夠接納而導致的失敗。問問自己，當你進行善良視角的每日練習時，如何創造增加正向能量的時刻。

有種簡單的方式，是用一個月的時間每天檢視自己。毫無保留地敘述自己體會到的感受。回想任何時刻，無論多麼短暫。

今天，我在〔描述互動／狀況〕時感到〔積極的情緒〕。在回想這一個正向的時刻時，我意識到〔描述見解、新觀點或意圖〕。

今天，當我在〔咖啡店裡排隊〕時感到〔有趣〕。〔排在我前面的那位女士忘記帶錢包，她沮喪得不知所措。然後我告訴她由我來買單，她鬆一口氣地哭了出來，我笑著回應這小事沒什麼大不了，於是她給我一個大大的擁抱。〕當我回想這一個正向的時刻時，我意識到〔這個小小的插曲改變了我當天其餘時間的心情，工作似乎像以往充滿許多壓力，我也不會過於計較。〕

當你日復一日地練習時，請仔細觀察，開始將注意力轉移到這些美好的事物上時，發生了什麼事情。關於自己和他人，你發現了什麼？憑藉自己的創造性智慧和要振作起來的信念，凱芮絲為自己寫下一個新的故事。

「即使在極度絕望的時刻，我也會問自己：如果我能回到過去，選擇一條不同的道路，也許可以避免這種痛苦，那麼我會做出什麼不同的決定？我的答案始終是相同的：我永遠不會選擇不同的生活，因為我的痛苦塑造了現在的智慧。」

培養良善的視野，會讓你拋掉過去的負面想法，藉由天馬行空的創造力和慎重的抉擇，你可以建構全新的故事。這樣做可以使痛苦的部分癒合，並且發展全新的部分，還可以讓你重寫別人告訴你的人生版本，這個過程激發了個人的才能，並且點亮了核心價值。

善良的眼界帶來更廣闊的生活視野，提升你內在的力量，並且激發對自己和他人的同情心。總有一天，善良的眼光會將你與愛聯繫在一起。

反思

透過友善的眼光，我可以從一個溫和且樂於理解的角度，重新審視自己的經歷。

第23章
寬恕是給自己的禮物

如果你受到父母、伴侶或朋友的嚴重傷害，你第一時間可能會出於本能來做反應。你可能會想讓對方付出代價，甚至想要報仇，又或是徹底逃避對你造成傷害的人。

如此一來，你很有可能會一直帶著傷痕或復仇的念頭。長大後，我幾乎都選擇用這種方式來對待我的父親。

當我十歲而我妹妹九歲那年，爸爸一如他打從離婚以來所做的那樣，在陽光燦爛的聖誕節早晨來接我們。當天一整天的計畫是要帶我們拆聖誕老人送的禮物，還有享用美味的食物。但當我們跳上車時，他卻告訴我們，說他準備了一個特別的驚喜——我們要去旅行，一場真正的旅行。

在前往機場的一小時車程中，我腦海中的思緒奔騰。這趟旅程沒有打包好的零食、牙刷、我們最愛的絨毛動物，以及最重要的——妹妹的安全毯。我知道媽媽絕對不會讓我們在不帶任何行李的狀況下去任何地方過夜。

我意識到，爸爸是計畫再度報復媽媽，誰叫她竟然敢離開他。

我思考著，是否可以故意發脾氣來阻止他，但是我們已經飆上高速公路了，沒有紅綠燈可以讓我跳下車來逼他停車。我陷入了一陣孤立無援的恐慌，身體變得僵硬無比。我密切注意著爸爸，他也知道我發現了。我們的眼神在後照鏡中對峙很長一段時間。我感到很無助，無法制止他對媽媽的殘酷對待。

之後那幾個星期，我們探望了遠方的親戚，被困在父親報復性的威權掌控之中。我將那次事件稱為「聖誕節綁架」，對我本身、我妹妹和媽媽都是一個轉捩點，我們每個人都用自己的方式宣洩不安的情緒。

看到我們回來後，媽媽立刻給我們一個緊緊的擁抱，她明顯地鬆了口氣，卻讓我們嚇到差點喘不過氣來。

從那時起，她對我們的保護變本加厲，讓我們沒有喘息的空間，以致於我們到了青少年時期就開始變得很叛逆。我永遠無法責怪我的母親，但是我花了很長一段時間才原諒我的父親。

寬恕的自由

每當討論到過去的痛苦，我們總免不了要面對一個問題：你如何寬恕已經傷害或背叛你的人？有時會覺得難以原諒，但選擇另一條路卻又對自己很殘忍。懷著怨懟、憤怒或復仇的想像，會讓你陷入不舒服的兩難：讓痛苦的故事歷歷在目，代表著你繼續將力量浪費在傷害你的人身上；然而，決定寬恕並往前走，就好像要破壞原先認同的自我身分，這是精神層面上一種恐怖且血淋淋的小規模死亡。這就是我們抗拒寬恕的主因：怕自己會支離破碎。

然而重點在於，這種抗拒是你明智過人的情緒雷達所要給你的警惕，告訴你必須有所改變，才有可能產生新的認知，前提是你必須朝它走去。

或許一切正如拜倫．凱蒂（Byron Katie）[1]所說：「如果你想找到出路，必須先走

1 拜倫．凱蒂（Byron Katie），知名美國身心靈作家，著有《一念之轉》。

進去。」像同情心本身一樣，寬恕會督促你練習回頭去看你不想面對的事物，給你一個蛻變的機會。

以同情心檢視過去的傷害，必須有效地運用善良的視角。你可以藉由過去，勇敢地重新認知到「自己是誰」以及「現在的你想成為誰」，而非被過去束縛，如此一來，你便找到了自由。

因為在自我保護的意識深處，你一直害怕釋放的，其實是堅不可摧的美麗靈魂，你的內在不停地想要散發耀眼的光芒，它需要你的愛和善良，也需要你的原諒。

寬恕能拯救自己

寬恕並不是出自於別人說你應該這樣做，所以你才去做。「趕快走出來」或「向前看」這些話讓我們覺得無益、憤怒和羞愧。

實際上，很多人還是會誤解寬恕的意義：要求放過加害者，讓他們重回你的生命，意味著必須忘記發生的事情，或是阻斷你本身的感受。

這些事情都不是原諒的必要條件，儘管其中一些是因為原諒而產生的。

事實上，**寬恕甚至不代表你需要告訴某個人你原諒對方了，因為寬恕不是為另一個人所做的，相反地，這是你可以對自己最友善的方式。**

當我們陷入憤怒和怨恨，反覆思考過去的錯誤時，負面情緒就會累積，進而產生慢性壓力和痛苦。我們可能過於強調自己即將或已經成為受害者，因此失去修復、培養和建立健康關係的機會。

實際上，過去的苦難與我們現在的經歷常常糾纏不清，因為我們會用過去的眼光看待當前的情況。研究表示，懷有積怨、怨恨或仍然無法寬恕的人，會不斷地經歷痛苦，他們的人際關係受到傷害，負面情緒持續存在，健康狀況也可能惡化。從人生的決定到日常互動的每一件事情都可能受到影響，因而造成長期性的焦慮。

懂得寬恕的人，會讓過往的傷害留在過去，才能擁有更健康的人際關係，變得更加快樂，並且享有更健康的身體。當你以良善的眼光看見堅持憤怒對你無濟於事時，寬恕便可能成為你的選項。

了解自己並非孤軍奮戰可能也有所幫助。

你的處境或許是獨一無二的，但所有人都有感到痛苦、背叛、被排擠和孤獨的經歷。人類的經驗已經證明任何寬恕都是可能的，無論有什麼樣痛苦的經歷：失去孩子或所愛之人、遺棄或排擠、不忠誠的背叛、毆打或強姦、盜竊或詐騙、癌末診斷或誤診……任何講得出來的罪行，人類都有經歷過。

因此，只有當你開始感到安全並且成為人類的一份子時，才會創造出新的故事，透過充滿善意的視角，注入全新的開始。擁有自由、正直、自我同情、創造力和喜悅，這些都是我們寬恕他人所能獲得的報酬。

善良的練習：讓你獲得自由

史丹福寬恕計畫（Stanford Forgiveness）的共同創辦人弗雷德．拉斯金（Fred Luskin）排除人們普遍的誤解，將寬恕定義為「當下可以感受到和平或諒解的經歷」。寬恕是一種內心的經歷和選擇，需要足夠的時間和努力。拉斯金在他的作品中表示，這是一種可以訓練的技能。

珍妮特．康納（Janet Conner）是我最喜歡的老師，也是《蓮花與百合》（*The Lotus and the Lily*）的作者，她提供了特別有效的練習，使我們能夠重新建構寬恕的整個概念，並藉此建立自己的能力。以下分享她提出的兩個方法：

解開心結：這個簡單的練習呼應了希臘對寬恕的定義，意思是「解開心結」。康納建議用「我解開心結」代替「我原諒」。試著套用在你曾經歷過的其中一個傷痛，看看簡單地改變詞語會發生什麼事：

我解開與〔傷我之人的名字〕的心結。

我解開〔傷我之人的名字〕對我造成的〔有害情緒，例如憤怒／失望〕，並選擇〔有益行為，例如解放／喜愛／讚賞／尊重〕自己。

釋放囚犯：這項練習能夠激發你的想像力來解開心結。你可以利用冥想或寫日記來練習形象化的事物，在康納的網站上也能找到完整的形象化練習。以下是我所修改的版本：

想像一下，你正走進一座地牢，試著建構出所有逼真的細節：潮濕且陰暗的樓梯間、悶熱且稀薄的空氣，諸如此類。

面對通向地牢的沉重大門，拉開門後走進去，環顧整個環境，檢視一排排關著囚犯的牢房，總共有多少個牢房？

走去第一個牢房看看。你囚禁了誰？是傷害過你的人還是你曾傷害的人呢？只有你自己知道是誰。請看著囚犯的眼睛，打開牢房的門，然後讓囚犯離開。沒有討論，沒有重述歷史，沒有責備，沒有接受道歉或給予道歉的期望，只需要引導你的囚犯出去，告訴他：「你自由了，你現在可以離開了。」

走到下一個牢房，看著這名囚犯，然後引領這個人出來。重複一遍：「你自由了，你現在可以離開了。」對於被關在你內心地牢的每一個囚犯都重複同樣的作法。

當所有囚犯都走了之後，請巡視四周，你會發現還剩下一個人——你自己。你讓自己也成為了囚犯，也許已經關了很多年，或許是所有人之中待得最久的。請打開這個牢房，對被囚禁的自己說：「你自由了，可以離開了。」

當你的監獄空無一人時，請看看周遭，牢房一間接著一間開始瓦解，牆壁被粉碎殆盡。整個空間接著充滿了溫暖、愛意、療癒的光線，從悲慘的地牢變成充滿愛意的世界，空間變得更加廣闊，並且注入新鮮的空氣。請深呼吸後溫柔地說：「謝謝。」

當你發現自己陷入痛苦的情景之中時，就可以進行這個美麗的練習。你可以選擇在可信朋友或輔導員的協助下進行，因為他們通常能提供你足夠的安全感。

安．拉莫特（Anne Lamott）[2]有一個可愛的概念，她稱之為「寬恕之苗」（forgivishness）。她寫道：「在童話故事中，你經常不得不離開自己開心長大的地方，前往充滿痛苦的恐懼之地，尋找被偷走的東西或者對抗占領地方的壞人。那些微小而特別的時刻所引發的變化，需要一些時間才能融入我們的生活之中。」

當我們面對痛苦的根源時，寬恕之苗總是零零星星地出現，當你接納它時，你可以友善地對待傷痛引起的感覺、情感和想法，而不會感到不知所措，讓你可以對自己受傷和損壞的內在部分施加一些溫和的同情。這種朝向善良視

2 安．拉莫特（Anne Lamott），美國小說家，擅長描寫酗酒，單親媽媽、憂鬱症和基督教等主題。

角的做法，能夠幫助人們從傷害中恢復過來，我和父親的關係就是其中一例。

聖誕節綁架事件的幾十年之後，我最後一次和父親坐在一起，內心感到一片安寧。我們輕聲吟唱著一些懷舊情歌，像是佩西·克萊恩（Patsy Cline）和強尼·卡什（Johnny Cash）的歌。沉默不語一段時間之後，他輕聲說道：「有妳們兩個女孩是我遇過最棒的事情。」那是一個微小而特別的時刻，純潔而富有滿滿的愛。因為經過內在的努力，我已經原諒了他，所以我欣然地收下這份臨別之禮。

反思

寬恕即自由，當我解開情感的心結時，便能發自內心迎接愛和喜悅。

第24章 懂得道歉，創造一個友善的世界

探索人們的成長經歷總是令人著迷，我們會感嘆為什麼有些人會變得脾氣乖戾，而有些人成為可憐之人，還有一部分人卻能像荒野中的鑽石一樣綻放光芒，總是散發著純粹的美麗、光芒和愛。

提姆六歲的時候，經歷了一次關鍵性的事件，促使他日後成為一個善良、謙虛和幽默的人。

提姆解釋道：「我很想成為社區男孩之中的一份子。吉米、巴瑞和蓋瑞是社區附近最酷的孩子，我渴望成為他們社團中的一員，因為我真的很崇拜他們。有一天，他們叫我去社團找他們，說是想讓我加入。我興奮極了！下課鐘聲一響我就立刻跳上自行車。到了那裡，他們突然攔住我，把我壓制在地上，那些男孩一個接一個輪流對我

拳打腳踢，然後把鼻青臉腫的我丟在那裡，讓我又痛又惱羞。」

孩子們離開後，他的腦海裡在想什麼？在那個轉捩點，提姆決定：「我永遠都不要像他們一樣。」

十二年後，提姆在他的老家附近過馬路時，看到吉米在騎自行車。

「他也有看到我，遲疑了一會兒後就迅速逃離現場。他應該是無法面對我吧，我想他仍然在意自己和那些孩子對我的所作所為。但是我已經放下了，繼續過著我的生活。」

提姆不需要任何道歉便原諒了那些男孩，讓生活朝著正面的方向發展，然而如果他們願意道歉，那無疑也是件好事。

當然，如果提姆向他們的父母告狀，大人們可能會逼他們道歉，這樣只會讓事情變得更糟。提姆說：「比起得到道歉，更重要的是，我絕不會讓自己過著痛苦的生活，我從很多年前就選擇這麼做了。」

彌補的力量

「除非我們知道自己有能力採取任何行動，不然我們的言語和眼神中是否就不會存在真正的謙卑和同情心？」聖法蘭西斯（Saint Francis of Assisi）提問道。

同情心擴大了人類的視野：我們每個人都可以殘酷、友善、頑皮、友好、仇恨和愛人，以及介於兩者之間。苦難與歡樂之間的對比喚醒了我們，並向我們展示如何生活在這個世界上。道理很簡單，善良會使我們感覺良好，刻薄或造成傷害可能會使某些人感到遺憾和自責，因而留下了需要彌補的遺憾，對於其他無法或不願改變的人，他們成為自己仇恨的囚犯。

當道歉是真心實意的時候，便能打通兩個人之間彼此同情聯繫的源泉，衷心的道歉可以幫助人們重新建立聯繫、互相寬慰並且達成寬恕。

然而，真心地說出「對不起」是很困難的事情，它同時需要脆弱和勇敢。接受道歉並找到繼續前進的正面方法同樣很難。

能夠提出道歉、接受道歉和原諒他人，都需要強大的勇氣，我們可以自己決定要用什麼角度去看待犯下的錯誤，世界是一個友善還是敵對的地方？世界需要我們的愛意還是恨意？我們要抓著傷痛不放，還是解開心結？愛因斯坦（Albert Einstein）說：「選擇相信自己是生活在一個充滿善良或敵意的世界中，是我們最重要的決定。」

做出改變是創造美好環境的核心要素。

提出和接受道歉

有些事比其他事更容易原諒，況且並非所有事情都只要一句道歉就能解決。根據心理學家萊恩．費爾（Ryan Fehr）和米歇爾．蓋爾范德（Michele Gelfand）的說法，有效的道歉是一種精細的技巧，卻很少有人能教導我們，我們只聽過大人們的簡單命令：「說對不起。」費爾和蓋爾范德提出道歉的三個重要構成因素：

- **提供補償：**藉由交換來恢復公平公正的道歉。在提姆的故事中，如果男孩子們摔壞了提姆的自行車，或是撕毀他的運動衫，他們可能會提議補償這些物品。
- **同理心的表達：**這是注重關係的道歉，也是溫暖、懊悔和同情的表示。他們傳達了對受害人觀點的理解，以及犯罪行為如何影響他們。例如，其中一個男孩可能分享了一個關於被哥哥毆打的故事，所以選擇向提姆道歉，因為他知道被崇拜的對象背叛的感覺，並且承認這樣對待提姆是很卑鄙的行為。

• **坦承自己違反規則或社會規範**：這麼做等於承認自己的行為沒有達到更高的期望。大多數文化都有各自版本的「黃金法則」，期望人們以相互尊重、公正和友善的方式對待他人。那些年齡較大的男孩們可能對提姆說：「你的年紀比我們小，我們仗著自己更強壯而打你是不對的，我們應該保護弱小，而不是傷害他們，讓所有人（你、我們的父母和學校）感到失望，我們覺得實在非常抱歉。」

但是事情的真相是，人類是很複雜的，我們都有不同的自我觀念，對世界擁有不同的價值觀、需求和期望。因此，當與受害者的態度和信念不符時，即使是最感人的道歉也會失敗。在閱讀接下來的內容時，請想想如果要接受道歉，你會考慮哪些條件。費爾和蓋爾范德認為有三種要考慮的觀點：

具有獨立自我觀念的人往往會關心自己的個人權利和自主權，他們重視競爭而不是合作，並且傾向於將重點放在利益交換的關係上，對他們而言，道歉是給予補償或歸還公平，因為他們篤信「以眼還眼」。

具有社交自我觀念的人重視友誼和夥伴關係的品質，他們非常在意與他人的聯繫，而且傾向於建立關係，表示同理心和主動重新建立聯繫是他們認同的道歉方式。

具有強烈的集體自我觀感和群體認同感的人重視榮譽和義務，他們極度關心自己團隊的規範和道德準則，對於他們來說，承認違反規則和社會規範的道歉是最清楚明瞭的。

當然，沒有人能精準地用對方法，但是社會科學證明，在道歉時深入聆聽和理解受害者的價值觀和需求是必要的。

精神科醫生亞倫・拉扎爾（Aaron Lazare）說：「當道歉滿足了被冒犯者的需要時，他不需要努力去原諒，因為寬恕是自發性的。」拉扎爾表示，受害者的需求可能包括以下任何一項：

- 拾回尊嚴感。
- 確認對違反行為的共同價值觀。
- 清楚地了解受害者沒有責任，而且安全不會受到威脅。
- 通過懲罰或賠償獲得補償性正義。
- 表達對損害感到遺憾的對話或機會。

在提出道歉和考慮接受道歉時牢記這些需求，可以幫助雙方找到解決辦法。如果你受到委屈，請問問自己，當某個人要彌補過錯時，你需要什麼樣的方式比較好。

但是，有時可能無法做出道歉，也許是加害者已經死亡，或者加害者仍然對你構成威脅，要求對方道歉可能會使情況變得更糟，因此最好保持距離。甚至於有時候，加害者根本沒有感到懊悔。

此時最需要借助寬恕的力量，因為如前一章所述，**選擇原諒最主要是為了自己的情感自由。**

善良的練習：把道歉寫下來

沒錯，我們都是需要聽別人說「對不起」的人，同時也是需要說出這句話的人，承認做錯事是一種善意的行為，改正錯誤行為同樣也是。

修正錯誤行為的其中一種方法是先開始動筆。

若說寫信是門失傳的藝術，也許有些陳腔濫調，但它仍然是一種幫助你思考深層意義並充分表達自己的好方法。

切記不要透過簡訊或表情符號來表達，因為縮寫形式會大大地減少你所說內容的重要性，應該要使用正式的信件格式。

當你撰寫本文時，請回想道歉的構成要素以及可以被接受的內容，而且以對方的需求為優先。經過反覆撰寫，在透過寫作獲得明確的理解後，你可以決定要進行面對面談話還是發送信件。

這裡有一個入門範例，請使用你自己的語言書寫，並且在練習完成後大聲朗讀信件。

親愛的︹朋友︺：

真不知道要從哪裡寫起，我為我的︹言語／行為／忽視／漠不關心︺感到非常抱歉。

我搞砸了重要的時刻，我對自己的行為感到︹尷尬／羞愧／難過︺。

我意識到我︹犯了錯／責備你／失控了／不尊重你的立場︺，這是完全不可被接受的行為。

我只能想像你感受到的︹痛苦／屈辱／拒絕／壓力︺。

我重視我們的︹友誼／關係／合作︺，不能怪你對我感到︹難過／憤怒／厭惡／失望︺。

希望你能允許我︹親自為你補償／替換／恢復／道歉︺。

我知道這可能無法實現，而且我已經造成了你太多︹痛苦／傷害／苦難／尷尬︺。

如果你願意，請原諒我；如果你同意，我會努力重新獲得你的信任。

︹誠摯地、溫暖地、親愛地︺

〔你的名字〕

犯錯是人的天性，而修正錯誤也是人的本性。修復同理心的失誤和失敗是人生中最重要的一課。我們為他人和自己所能做到最善良的事情之一，就是真心地說對不起，即使非常地艱難。關於承擔責任，我們的懺悔文化傳達著各種混亂的訊息，電視真人秀、脫口秀和霸凌論壇上，經常美化恥辱和羞辱。事實上，最好的道歉是兩個人之間的親密接觸，沒有什麼快速的解決方案或簡潔明瞭的結論，道歉需要長時間的努力。

透過這種方式，善良為人類關係的混亂本質提供長遠的解決方案，創造學習信任他人、建立相互歸屬的環境。說出對不起，表面上似乎很簡單，然而它是一種出自於善良且勇敢之心的表現。

反思

為我的錯誤表示歉意，代表我尊重他人的需求，而且對我的行為負責。

第25章
記錄新開始

就像發自內心的感謝信或道歉紙條一樣，寫下自己的經歷能夠對我們造成有意義的改變。當我們對善良感到不確定時，就更應該這麼做。

當麥可寫下一個有關他姊姊患有染色體疾病——透納氏症（Turner’s syndrome）的故事時，他重新回想經歷過的事情，從中得到啟發。等到他二十歲時，因此有勇氣面對自己的失敗並喚醒自己的同情心。以下是他寫的內容：

我姊姊現在是我最好的朋友，不過並非向來都是如此。小時候，我因各種原因而被人取笑，雖然說出這樣的話會讓我感到痛苦，但是我容易將我遭受的嘲笑歸咎於她。在相當長的一段時間裡，我甚至選擇忽視她這個人。

當伊莉莎白因抑鬱而住院時，我們兩人都陷入了低潮。我開始了解到，自己不需要別人的認可也能感到快樂，而我的不安全感很快地消失了。當時，伊莉莎白對我沒有一絲怨恨，她的心地非常善良，一次又一次地原諒我。經過幾個月後，伊莉莎白可以出院回家，我們也因此漸漸修補了原本破裂的關係。

儘管她每天都要面對各種挑戰，像是時不時的生病、瓶瓶罐罐的藥物、陌生人的注視……她依然維持著不屈不撓的樂觀態度。對我而言，她代表著我想要成為的人，一個正派人士的完美典範，我永遠無法像她那樣無條件地積極正面，但這是我不斷努力的目標。

善良不是她的選擇，而是一種生活方式。她可能無法想像自己對我的影響有多麼深遠，而我會永遠感激有她這樣的大姊姊。

可以認真審視善良實在太棒了，因為我以前從未對它進行過深入的思考，我以為善良已經成為一種自然習慣，但是有時出於衝動，我會說出或做出一些我會後悔的事情。如果發現自己犯了錯，我會盡力從錯誤中學習，以免重蹈覆轍。

除此之外，善良成為了我決策的重要因素，而且我真的盡力從善良和正向的角度思考。最困難的部分是，需要有意識的努力才能阻止非理性和消極的想法，當我設法做到這一點時，我發現自己的情緒、精力和整個心態都得到了極大的改善。

麥可的故事讓他自己了解到，通過善良和同情心如何改變痛苦。他幾乎以教科書的方式描述了PEPPIE在情緒調節、同理心、自我意識和洞察力方面的力量，但是這些全部都源自於他自己的經驗。

我們通常不會給予善良應有的重視，這也是當人們被問到有關善良的故事時感到為難的原因，因為他們不會特別注意到。但是正如本書第一部分和第二部分所示，善良是我們的自然天性，就像講述我們自己的故事一樣。

故事的力量

小說家瓊・蒂蒂安（Joan Didion）的文章《白色專輯》（*The White Album*）開頭說：「我們靠著說故事而活下來。」她的話讓我想起了最喜歡的臨床指導老師所提供的建議，因為作為初出茅廬的治療師，我們會聽到許多令人震驚的故事，這些故事充滿冷漠、忽視和殘酷的描述。我的指導老師說：「你要仔細聆聽，因為那些殘缺的片段也存在著仁慈和撫慰，這些是充滿希望的紅線，它們象徵著韌性和生存的衝動，從這些脆弱獲得治癒的力量，才能交織出新的故事。」

懊悔、遺憾、輕視和創傷的故事會帶來同理、寬恕、啟示和救贖。博愛、同情和喜悅的故事使我們想起了韌性、希望和樂觀主義。在講故事時，無論光明面或黑暗面都會浮上檯面，為我們的生活和人性提供了全新的視野。

最重要的是，故事可以幫助我們看到，在失敗或勝利中的自己並不孤單。有意識地講述故事擁有將我們從個人帶到全體的力量。我們渴望它能帶來的社會連結和個人成長，部落格、播客、詩歌朗誦比賽和故事敘述舞台的顯著成長皆能證明，這些是藉由滿足我們對真實性和同理心的集體渴望來吸引公眾的想像力。故事將我們綁在一起，分享的行為可以連接人的心靈，提高我們自身的正直感，並且照亮新的可能性。只要有適當的條件、可信賴的聽眾和安全的空間，故事的力量將為我們帶來好的轉變，造就出仁慈的洞察力。

寫作療法

很多人都知道，撰寫有關困難、可恥和創傷經歷的文章是促進療傷和個人轉變的有力方法。社會心理學家詹姆士・潘尼貝克（James Pennebaker）研究表達性寫作對的身心益處已經有二十多年，他觀察到，在短時間內撰寫有關情感生活事件的文章會引發一連串積極的影響，包括改善睡眠、促進免疫功能和減少藥物使用。

將文字寫在紙上可以作為「過程修正」，因為它替生活經驗建立架構和意義，並且引起當事人反省。我們的寫作速度跟不上思考的速度，這項事實會讓我們放慢步調，而放慢速度本身就對當事者具有正面的影響力。以下是一些有關如何為自己寫作的建議：

- **一個星期：**潘尼貝克（Pennebaker）的方法很簡單：每天或每隔一天花十五到二十分鐘寫作，持續一個星期寫下有關壓力或創傷的經歷。他建議毫無停頓地寫出來，不要進行編輯，也不用擔心語詞或文法。你之後可以將它撕掉，或者重新檢視進行修飾。

- **晨間隨筆：**《創作，是心靈療癒的旅程》（*The Artist's Way*）的作者茱莉亞·卡麥隆（Julia Cameron）描述「晨間隨筆」是創意復原的主要工具，是一種在早晨醒來後寫下完整三頁意識流紀錄的練習，不需要進行任何編輯、修正或重寫。
- **不滿情緒：**研究人員兼故事敘述家布芮妮·布朗鼓勵你在故事中展現不滿情緒，而且不要跳過困難的部分。「在寫下艱難故事的過程中，其中的不安全感可能會令人非常不舒服，以致於我們要嘛避開它，不然就是直接跳過。」儘管可能會產生不適的感覺，寫作可以讓你用旁觀者角度去看待一段經歷，並以嶄新的角度進行思考。

在分享你寫的內容時，布朗提醒：「我們需要與值得聆聽的人分享，以紀念我們的奮鬥。當我們尋求同情心時，必須在適當的時間、與正確的人、對適當的問題進行交流。」

一般來說，這不代表要冒著隱私曝光的風險隨便找聽眾，而是要擁有兩個可信任的知己。

善良的練習：誠實日記

拿起一本筆記本或幾張活頁紙，再加上一支好寫的筆，然後讓自己處於舒適的環境中，努力寫十五至二十分鐘。不用進行自我編輯或更正。

設定一個計時器，以便知道明確的開始和結束時間，並且構思之後要做的事情，例如散步或料理。

反思過去或現在充滿挑戰的生活狀況，請從一個接納或理解的溫和角度來看待，這些可能是你擱置、逃避或視為理所當然的經驗，請用開放的心態來檢視情況，並且停止任何的批判。即使沒有立即想到任何一個事件，也要像充滿好奇心的時空旅人一樣，回顧自己以往的生活。以下採用一些大師的良好寫作提議：

- **以同情心看待**。你所反思的經歷與你想成為誰、過去是誰或現在是誰有什麼關係？你如何從友善或同情的角度看待這段經驗？

• 未來的你。想像自己變成一個睿智的老人，大概八、九十歲，讓充滿智慧的自我寫一封信給現在這個年紀的自己。你如何將內在力量、勇氣、希望和夢想告訴年輕的自己呢？你會給予什麼樣的鼓勵和善意？或者，如果你比較喜歡從另一個角度，可以由八歲的你寫信給此刻的自己，充滿好奇的孩童會想告訴自己什麼？

• 詩意描述。在描述「我來自……」的時候，請試著採用詩意的詞彙來寫作，對地方、人群、文化、飲食、宗教、信仰、傳統、重要時刻和價值觀抱持著開放態度，回顧自己的生活，依序列出單一事件，描述其中的細節，例如顏色、氣味、聲音或口語表達，隨時注意任何出現的新想法。

我們用自己的生活創造故事，我們是某種形式的說故事者、製作人、電影製片人、詞曲作者和新聞工作者，通常在我們自己的意識範圍內，不停地轉述自己的故事。通過寫作和說故事，我們將故事帶入有意識的認知中，開始避免一些潛藏在暗處、無人知曉的負面敘事方式。

有目的性和運用正念的寫作方式，可以重新詮釋你的生活經歷，並且引發深刻的變化，以新穎、廣闊的方式連接你的思想和情感，它結合了許多PEPPIE的因素，特別是存在感、保持遠見、整合資源和目標導向。正如麥可在紙上寫下關於他的善良進展一樣，你也能辦得到，將原本的後見之明變成善良之見。

反思

藉由寫下自己的故事，我可以用溫和的意識看待所有個人經歷，發掘有價值的靈感，甚至改寫結果。

第26章
接受幫助

珊說：「我以前特別獨立，而且以這樣的自己為傲。我從來不會讓自己處於需要他人幫助的劣勢，若有人對我做一件好事，我會確保自己加倍回報給對方。」

珊是一位在前臂上刺著「勇往直前」的藝術家。她離開了一份可靠的高科技業工作，以四十多歲的年紀重返校園，獲得夢寐以求的美術碩士學位後，她最引以為傲的獨立受到了考驗。

她畢業時正好面臨到自大蕭條以來，美國景氣最糟糕的時刻，如此嚴峻的環境讓她找不到任何教學工作，而且她當時離婚，有個即將升大學的兒子，還有住宿問題。沒有工作，沒有存款，沒有房子，而且更糟糕的是……

「我還遇到心臟病發作。」

這真的是震撼的打擊！珊發現她患有兩種互斥的遺傳基因，因此她的心臟很容易會衰竭。

「你原以為一切都很好，突然間，一切都變了。」珊為維持自己的心臟健康而服用的藥物，嚴重限制了她的工作能力。「我開始需要尋求他人的幫助，我迫不得已開始說：『你可以走慢一點嗎？我不能走那麼快。』或者是『這個我提不動，你可以幫我拿嗎？』或是『醫生，你可以給我身障人士通行證嗎？』我不得不開始承認自己的錯誤和軟弱。」

然後，住在鎮上另一邊的一位朋友說：「先搬來和我一起住，我們再來想辦法吧。」絕望之下，珊帶著行李出現在朋友家門口。

「她把我安排在房子裡最小的房間。另一個朋友在附近擁有一個大型藝術工作室，他給我工作室裡一間狹小的房間。他們分別提供我一個睡覺的地方和一個創作的地方。」

作為回報，珊同意幫忙她的朋友做家事和煮飯。他們原本都以為只需要三個月，後來竟持續了三年的時間。

「她很善良，超乎想像的友善。我畢業離開學校時獨自一人，拖著虛弱的身體且生活一團混亂。我經常稱她是讓我開始刺繡事業和寫出刺繡著作的天使、讓我找到出路的貴人。」

俗話說：當上天只給你幾塊碎布時，那就想辦法做出一條被子。

值得信賴的朋友

在我們最低潮的時候，社交連結是最重要的。提供幫助是同情心的最高表現，接受幫助則是一種對自己善良的勇敢行為，這是一個充滿愛與感恩的永續循環，從付出、接受、到感謝，然後再付出、接受、到感謝。

在推崇粗暴個人主義，而非對社群擁有歸屬感的文化中，我們可能會感到形單影隻。然而，當我們意識到彼此間沒有隔閡時，轉變就會發生。事實上我們彼此都是緊密相連的。

珊的朋友以愛心擁抱她、接納她到家裡。「現在我經常這樣說：允許那些愛你的人伸出援手，就是尊敬他們。」

珊的故事顯示，無論我們各自的生活狀況、條件或文化如何，我們都是密不可分的，就像一條美麗的被毯交織在一起。

小說家安娜．寧（Anaïs Nin）寫道：「我所有的創作都是為了編織與世界連結的網絡，每每遭到破壞，我就會重新將它編織好。」

我們就是需要彼此。有時可能會連最簡單的「詢問」也很難做到，好比請求幫忙拿生活用品，或是接受別人提供住宿。有時接納他人的援助是一種最謙卑的勇氣。當我們願意對自己的需求誠實並且同情自己的苦難時，就可以擴展社會聯繫和支持，而這麼做確需要足夠的勇氣。

珊的故事中有一個不可否認的重要因素：她擁有一顆感恩的心。珊感謝她的「小天使貴人」幫助她滿足了食宿的基本需求，她也發自內心深深地感謝有一個令她站起來的機會，能夠追求自己的手工藝興趣，甚至創造一個新生活圈。對當下的友善與對過往的洞察為未來的幸福創造了強大且美好的結合。

社會支持能夠促進幸福感

你生命中的一個人，就代表一個社會連結，可以帶來很大的改變。社會科學家將社會聯繫廣泛定義為「在社交群體中與他人具有親密且正向關係的個人主觀感受」。事實上，友情和伴侶關係對於身心健康非常有益。

相反的情況是孤獨。孤獨和被孤立的感受會連帶造成身體和情感健康的惡化。有四分之一的美國人說，他們沒有人可以傾訴自己的困擾或成功的喜悅。如果將家人排除在外，統計出來的比率會上升至二分之一。

不幸的是，現代人與鄰居和社群的聯繫越來越少，而這兩者曾經是社會聯繫的主要來源，也是除了家人以外能接觸到的人。與吸菸的致死風險相比，單獨生活和感到孤獨都是死亡的危險因素。

社交聯繫能夠帶來快樂和幸福，從演化的觀點來看，我們傾向於跟基因相似的人發展友誼，也更有可能互相關愛。建立社交聯繫的有效因素包括與他人的相似感，因同理心和幫助行為而產生的情感聯繫，以及經過深入的社交接觸。**最重要的是你建立**

人際關係或友誼的質量，而不是聯繫的數量，其中最大的優點來自歸屬感和親密感。

擁有令人滿足的社交關係的人會感到快樂許多，並且減少抑鬱和焦慮的感受，而且更有可能幫助他人。當朋友之間分享感受時，無論是正面還是負面，他們都會互相鼓舞，甚至我們的發聲（笑聲、叫囂聲、咯咯笑聲、哭聲和啜泣聲）都具有感染力，能夠轉變成人類之間的聯繫。

社交聯繫會透過觸發神經獎勵迴路來緩解壓力，並且透過調節情緒困擾和降低壓力荷爾蒙，來發揮生理上的鎮定效果。

表達對他人的真誠關心和接受幫助，會產生連鎖反應，可以改善每個人的健康和福祉。

比起靠我們自己，這些行為更能創造實現善良的可能性。

善良的練習：你的關懷圈

善意的給予和接受會產生積極的回饋循環，而且可以隨時發動，但是有時要努力一點才能啟動這種善意循環，它可以讓你有全面性的了解。

我	支持團體
家庭	教會
親密朋友	社區團體
普通朋友	業餘愛好
鄰居	興趣團體
同事	受助者
幫助者和治療者	志願者活動

在一張紙上畫出你的社交關係，在紙張頂端寫上「我的關懷網絡」，在頁面中央寫下你的姓名，使用上表建議的分類清單，劃出代表你生活中的人們和社群的圈子或節點，並且標註出來。

接下來，在各群體間繪製線條，以標示從你開始的所有連結以及節點之間的任何分支。在圈子中寫下你認識之人的名字。有些圈子可能是空白的，而這些區域則指出了與你信任的人和社群發展社交聯繫的機會。

即使不確定關係的緊密程度，也請嘗試標示至少一條連結，舉例來說，你可以寫下你的醫生或牧師。然後思考你可能會對誰提供幫助，或者在需要時向誰尋求幫助。在你的關懷網絡中盡可能地添加更多的細節。

社交圈的網絡暗示了控制、安全、共享和流動。一旦開始這項練習，你可能會訝異於腦海中突然冒出的許多名字。

當你畫完關懷網路後，可以嘗試跟其中一些人聯繫，如果你知道他們可能會欣然接受，那麼你就可以提供幫助，如果你認為他們是能提供幫助的人，也可以向他們尋求幫助，或是純粹分享你的感激之意。

以這種方式接觸和給予或許很不尋常，但每個人都有可能因此獲得正面的收穫。「給予是最偉大的平衡裝置，」史蒂芬．波斯特（Stephen Post）[1]寫道，他一生致力於研究給予行為是健康和福祉的保護因素。「無論你的背景是富有還是貧窮的，幸運還是不幸，隨時隨地都能開始偉大的慈愛生活。」

沒有什麼比一個好朋友更能打破同情昏睡狀態。有時，直到災難發生，我們才知道誰會站在身旁，但是為什麼非得等到災難發生不可呢？與一個或兩個

1 史蒂芬．波斯特（Stephen Post），凱斯西儲大學（Case Western Reserve University）生命倫理學教授，著有《好人肯定有好報》（*Why Good Things Happen to Good People*）。

人建立深厚的友誼是一種提升心靈的可靠方法，不僅僅在當生活將你擊倒的時候。建立支持網絡不只對心臟有益，更能滋養靈魂。

正如珊所體悟到的，有時你所能做的就是接受幫助，因為你肯定自己總有一天能提供幫助去回饋他人。我們每個人都需要幫助，這個事實是同情的根源。當你深入了解自己的生活歷史，追溯我在第二十五章中描述的那條紅線時，你會發現意想不到的缺陷、瑕疵或錯誤，最終都會成為所有美麗刺繡作品的一部分，因為欣賞它們在群體中的位置可以幫助我們感覺彼此之間的聯繫，無論好壞。

反思

當我不知所措時，捫心自問：「我可以邀請誰進入我的關懷圈子並且給予信任？我可以向誰尋求幫助？」

第27章 善意的禮物

有時生活的發展並不會如我們所預期。

瑞克解釋說：「我因為家庭狀況和一連串的事情而進入UPS快遞公司工作，本以為只是一份短期工作，沒想到最終做了長達三十年。」

擔任UPS送貨員非常艱苦，是需要強健體魄的工作，尤其在冬天的假日期間。不過這也是一年當中瑞克最期待的時候，因為工作得到的小費，足以讓他為自己的家人買禮物。一般來說，為了消化暴增的包裹，UPS會僱用季節性的兼職人員，有一年，瑞克的助手是威爾，他是個害羞的十九歲男孩，很少主動說話。

等到威爾掌握送貨的訣竅後，瑞克相信有一天可以讓他負責街道右側四個街區的遞送。半小時後，瑞克與威爾會合，「威爾的臉上洋溢著我從未見過的微笑，他送完了所有包裹，當他坐進貨車時，整個人神采奕奕，所以我問他事情辦得如何，他回應道：『你知道嗎？我全部送完了。』他興高采烈，卻沒接著往下說，所以我要他告訴我發生了什麼事，然後威爾說：『嗯，我進去醫生的辦公室，他給了我二十五美元。我到了牙醫的辦公室，那裡有一張五十美元的禮物卡給我。我走進珠寶店，他們遞給我一個裝有二十五美元的信封！』」

顯然地，威爾沒有想到這些總計兩百美元的小費其實是給瑞克的。「他只是工作一兩個星期，卻拿走我工作整整一年後本應得到的禮物，我感到非常不公平。我幾乎要對他挑明，這些小費應該屬於我。」但是瑞克沒有這樣做，他心想也許威爾會更需要這筆錢，因此儘管有些不滿，他還是放棄了那些小費。之後他再也沒見過威爾。

「三、四個星期後，我走進一家婚紗店，」瑞克回憶道，「經理將我叫過去，說他在連假期間沒見到我，接著遞給我一張卡片。我感謝他後便回到貨車上，發現裡面有兩百美元！我從來沒有在一個地方得到這麼高額的禮物，實在太難得。我不禁覺得是我的善意帶來了回報，這冥冥之中的安排，真是個天大的驚喜。」

瑞克或許不願意放棄他的假期小費，但是他有一副好心腸。「我以一名UPS員工的身分開始工作，所擁有的學歷已經超越這份工作的要求，我有兩個碩士學位，分別是神學和心理諮商。老實說，我傾向於將送貨經過的社區當作我的教區，收件人都是我的教民，我為他們帶來禮物，不管那是一個包裹，還是我可以分享的任何善意。」當他有機會了解客戶時，他會受邀到他們的家中，和他們一起吃飯或參加下班後的活動。「他們都成為我的朋友，而且仍然保持聯繫。」事實證明，瑞克一直以來都在傳遞幸福。

傳遞善意的行動

馬修．李卡德寫道：「慈愛和同情心是利他主義的兩種面向，差別在於不同的目標導向：慈愛希望所有人都能體驗到快樂，而同情心則致力於消除他們的痛苦。只要有人存在，只要有人受苦，這兩者永遠不會消失。」即使我們不一定容易對遇到的每個人都感到憐愛或慷慨，但是我們確實有能力關心他們的苦難，也可以體會他人的喜悅。李卡德寫道：「無私之愛的特徵是對所有人展現無條件的善意，而且會隨時表達在對每個人的支持。它是發自內心深處，並且根據情況做適當的表達，以滿足所有人的需求。」

瑞克雖然不知道威爾過著什麼樣的生活，卻依然細心地思考這個年輕人的需求，放棄了自己的私利，這種利他主義是感知到人類共同需求的結果。

李卡德引用政治學家克莉絲汀・倫威克・門羅（Kristin Renwick Monroe）所寫的話：「利他主義者只是以不同的方式看待人事物，當我們其他人只能看見一個陌生人時，利他主義者看到的是一位人類的同胞。」

這種善良的眼光啟發了善良的舉動，當你以愛心和善良來照顧自己的內在世界時，你將成為光明的燈塔和外在世界變化的自然媒介，自然而然願意服務他人，同時將善良的種子散播到世界各地。

善良的練習：有捨必有得

在流行文化中，「把愛傳出去」的想法受到許多人歡迎。科學研究證實，友善、善良和慷慨大方對你有很大的幫助。利他行為會令人感到更快樂，觸發大腦中的「助人快感」；對愛情生活有益；改善慢性疾病的症狀；減輕社交焦慮；可以提高財務底線；並且享有更長的壽命。事實上，把愛傳出去可以將善意直接回饋到自己身上。

幸運的是，每天都有許多善良戰士通過建立社群和傳播善行，將善良傳出去。在一項針對六十三個國家（包括十萬多名成年人）同理心水平的全球調查中，美國排名第七（僅次於厄瓜多、沙烏地阿拉伯、祕魯、丹麥、阿拉伯聯合大公國和南韓），研究人員發現，「集體主義」國家（親屬關係較緊密的國家）的同理心較高，每個國家志願者的同理心與親和性、責任心、自尊、主觀幸福感和親社會行為有關。

善良態度（Take a Stand for Good）的創始人溫蒂．吉爾伯特（Wendi Gilbert）一直在追蹤全美有關善良的組織、倡議、學校課程、電影和個別善良傳教士的社會影響。她在美國找到了七十多項針對善良的計畫，通過臉書吸引了一千八百萬個追蹤者，其中包括「讓愛傳出去基金會」（Pay It Forward Foundation）、「隨機善舉基金會」（Random Acts of Kindness Foundation）、「善良思想」（*Think*

Kindness）和「世界善良運動」（World Kindness Movement），不勝枚舉。

還不包含喜劇演員艾倫．狄珍妮（Ellen DeGeneres），她建立了善良的媒體平臺，並通過表揚和支持人們的善行，獲得了數百萬觀眾的支持。在接受「最受人民喜愛的人道主義者」獎項時，狄珍妮說：「我不得不說，因為友善、慷慨和仁慈而獲得真實的獎盃，感覺有點奇怪，這原本就是我們彼此之間應該做的，也是身為人類的真諦。」

創辦kindness.org和kindlab網站的賈克琳．琳賽（Jaclyn Lindsey）委託牛津大學認知與進化人類學的研究人員審閱有關善意干預的質量研究，例如一周內進行特定次數的善良行為，或者將錢花在別人身上而不是花在自己身上，這項分析證實，當人們以自己的代價進行善舉時，他們會感到更快樂。

研究人員無法確實知道哪些特徵或條件促使某些人比其他人更善良，他們只是知道，善良的舉止會使人感到更快樂，而更快樂的人也會做善良的事情，使我們可以做到更多的善舉。正如提姆．麥葛羅（Tim McGraw）的白金熱門歌曲《謙虛與善良》（*Humble and Kind*）所傳達的那樣，有很多方法可以做到這一點。

洛麗．麥肯納（Lori McKenna）是五個小孩的母親，也是史上首位在鄉村音樂學院獎獲得最佳歌曲創作者的女性，她寫這首歌的目的是提醒她的孩子們人生中重要的事情。擁有如此簡單的和弦進程的歌曲，可能就是我們一直在尋找的善良語言，也或許是代表我們時代的歌曲。

善良的練習：有關友善眼光的二十個問題

即使感到困難，大多數人還是想做正確的事。正是在這些非常時刻，我們的努力便顯得非常重要，做一件正確或善良的事情或許感覺很容易或者很自然的。但是，當我們的內心需要經過一番掙扎，當我們的善行必須付出一些代價時，無論是付出我們的情感、時間或者資源，卻完全是另一回事。問自己一些問題，將有助於你以全新角度檢視自己的友善能力，就好像列出一張提醒清單。

你也可以在我的網站（http://www.taracousineau.com/whats-your-kindness-quotient/）上進行「善良商數」測驗。

這裡有二十個有關內心的問題，這些問題會要求你不停地深入探討，直到你擴大善良的眼光。你可以寫日記與自己對話，也可以在下一次的旅行時，和他人開啟一段對話。

1. 今天做什麼事能讓我的心更加寬廣？
2. 對於我來說，有意義的生活是什麼？
3. 如果我知道自己不能失敗，該怎麼辦？
4. 如果我最大的恐懼成真該怎麼辦呢？下一步該怎麼做？
5. 我一生中最大的遺憾是什麼？
6. 我願意為了什麼而犧牲生命？
7. 我最引以為傲的是什麼？
8. 我的朋友會如何形容我？
9. 誰可以總是讓我依靠？
10. 如果可以選擇和世界上任何一個人見面，我希望是誰？
11. 我有什麼要感謝的對象？

12. 我想戒掉什麼習慣呢？我想建立什麼習慣？
13. 「神明」或「靈魂」對我來說是什麼？
14. 當我仰望星空時，感覺如何？
15. 大自然對我而言代表著什麼？
16. 我最近做了什麼善意的舉動？
17. 我人生中最大的教訓是什麼？
18. 我想做什麼讓它可以流傳下去？
19. 知足意味著什麼？
20. 上次對我所關心的人說出「我愛你」是什麼時候？又是什麼時候對自己說過？

募款家兼作家林恩．特威斯特（Lynne Twist）說：「只要我們懂得欣賞，便能獲得滿足。」無論是我們的時間、金錢還是其他資源，當我們意識到自的需求已已獲得滿足，而且可以貢獻更多東西給他人時，慷慨精神就會浮現出來，利他主義變得更加容易。

瑞克總結說：「我已經不是三十年前的那個人。我一直在追求完美的概念，我是完美的人，我所做的一切都是完美的，我的生活也很完美。」在許多方面，瑞克確實是神學大師，他通過數十年來運送的物品和善良的服務，培養自己謙卑的服務品牌。但是，在人生層出不窮的磨難和成就之下，我們都是不完美的，我們只需要讓自己的靈魂意識到我們對愛和善的潛能。

當你建立明確的價值觀並體認到內在價值時，就會出現新的可能性。友善的眼光重新樹立了我們能影響變革的信念，並且賜予我們能力。

特威斯特寫道：「當你放棄追求更多你實際上不需要的東西時，將會釋放巨大的能量，可以改變你所擁有的東西，甚至擴大影響的範圍。」

如本書最後一章所示，慷慨會以你可能預料不到的方式回報給你。

反思

我的友善會在我察覺不到的地方發揮影響，而且善良可能會用出乎意料的方式回到我身邊。

第28章 慷慨大方的影響力

「當我六歲時，在某一個晚上，」阿曼回憶道，「我的兄弟姊妹和我在半夜被叫醒，父母要我們保持安靜，趕快穿上衣服，並且告訴我們不要帶走任何東西，因為我們不會回來了。」阿曼一家人是一九七六年逃離越南的大批逃亡者之一，她得以生存下來是因為她在關鍵時刻總能得到幫助。

在馬來西亞難民營中居住了兩年後，他們全家被抽籤選中送往美國，她的母親懷孕八個月，卻嚴重營養不良，只好偷偷躲過健康檢查，以免被扣留。

最初，阿曼的家人與資助家庭住在一起，直到他們可以獲得政府援助和食品券。然後，另一個八年前曾遭遇同樣情況的越南家庭給了他們生活的錢。

「這些人不認識我的父母，卻給了他們五千美元，這在當時是一筆不小的數目。

當我的父母終於賺到足夠的錢後，想還錢給這對夫婦，不料他們回應說：『不，將愛傳出去，把這筆錢給其他需要的人。』」

好心人士的慷慨從未間斷。阿曼的妹妹剛出生時心臟有一個洞，需要進行他們負擔不起的治療。

「我們認識了一對夫婦，茱蒂絲和愛德華，愛德華是急診室的護理長，我們很幸運能夠遇到他們，因為他們協助我們取得妹妹所需的照顧，讓她免費進行心臟直視手術。然後，他們分享擁有的兩房公寓，讓我們免費住在一樓。作為回報，我的父母會幫忙打掃家裡。接著他們幫我媽媽找到工作，負責照顧社區鄰居的其他幼兒。這些都是有錢人士，他們像對待自己的家人一樣對待我的家人。」

更不可思議的是，這些當地家庭願意出錢讓阿曼和她的妹妹們上私立學校，但是她父母的堅決不肯接受。不過，她的父母確實允許女孩們學習這些家庭貢獻的一件事。「其他家庭把他們的孩子送去完成學業，我的父母咯咯地笑說：『好，你們也應該學習如何舉止得體、有禮貌』。」

阿曼的家人勤奮地工作，生活過得越來越好。最後，她們一家人在唐人街開了餐廳和超市。

「我們都堅信『要當好人』，無論別人對你有多討厭或不友善，你仍然要用善良和慷慨的態度向前走。」她的家人幫助了其他難民，讓他們在找到房子和工作前先住在一起。

「在我的家庭中，有三件事很重要：慈愛和善良、尊敬（尊重他人）、慷慨和奉獻。如果你有五塊錢，把其中一半捐出去；如果你有東西可以吃，分一半給別人吃，因為你不知道何時會遇到需要別人對你友善的情況。」

對於阿曼的家人來說，來到美國是一段漫長而艱辛的旅程。她說：「我曾經得到很多機會，從小就來到美國，而且能學習美語。每一年，每一刻，在成長過程中我所做的每一件事情，都讓我覺得自己總是得到許多正面的支持。我認為，只要付出就會得到回報，但不是為了有所回報才去付出，我付出是因為單純地想貢獻一己之力。」

共通的人性

達賴喇嘛說：「我們都是人類的一份子，我們每個人都有責任改善人類，並且為人類帶來更多的幸福，期許人類更加和平、友好和富有同情心。」越南流亡的故事令人既氣餒又震驚，透過其他國家的善意，許多東南亞難民在全世界重新安置，全球社會成為好鄰居，但是以後的世代可能就不見得了。時至今日，在世界各個角落，依然有上百萬的人逃離家園或流離失所，尋找安全、食物和住所。

當我聽到這些難民的故事時，我想起阿曼的家人和他們生活中的種種連結：從倖存於公海的漁船到難民營，再到波士頓的一個社區，這一切都得到了陌生人的支持，看起來像一連串的「奇蹟」，其實是一連串人類的善意在背後運作。

合作具有感染力

我們很容易模仿平常關心之人的行為，無論這些行為是好是壞，而且不僅止於模仿，我們還會傳播對適當行為的期望和信念，科學家稱之為社會規範。對人類社交網絡（無論是面對面或者網路上）的研究顯示，行為、思想和情感會在具有社交聯繫的人之間傳播。

尼古拉斯．克里斯塔基斯（Nicholas Christakis）和詹姆斯．福勒（James Fowler）

在他們合著的《連結》（*Connected*）一書中，解釋了他們如何用數學將複雜的人際關係之間用點連結起來，並且揭露一個人的情緒、健康狀況或行動如何散播開來。實際上，他們可以追蹤它如何傳出去，無論「它」可能是什麼。

舉例來說，如果一個人抽菸、肥胖、離婚、捐款或者去投票，這些態度或行為都會影響朋友表現出類似的行為，這稱為「乘數效應」。研究人員已經藉由讓陌生人進行「公共物品」遊戲，在實驗室中證明了這一點。如果第一個人合作（在未來的賽局中將錢捐給他還沒有見過的其他人），這種慷慨表現就會傳染給另外三個人，然後每個人再將其擴散到另外三個人，依此類推，他們將此現象稱為「三度影響力原則」。

這表示，如果你付出代價表現出善意，這種慷慨行為會擴散到你的朋友（一度空間）、你朋友的朋友（二度空間）和你朋友的朋友的朋友（三度空間），進而影響你不認識的人們。同樣地，你不認識的三度空間朋友，也可以通過共享的社交聯繫網絡來影響你。

克里斯塔基斯認為我們將自己組合成「超級有機體」，意味著我們透過情感、信仰和記憶將彼此有組織地聯繫在一起。他相信，我們的網絡是一種社會資本。

可惜的是，善良、慷慨和合作的行為只能在少數人之間傳播。當然，不好的情況也可能發生：網絡可以傳播有害的意識形態和行為，例如法西斯主義或恐怖主義，這就是為什麼我在大屠殺紀念館看德國兒童讀物而感到異常沉重的原因，這本書的靈感正是出自此處。當然，這就是阿曼一家最初尋求庇護的原因，也是每天都有數百萬人逃離戰爭和暴力的原因。

「社交網絡將所接收的事物放大。」最終，克里斯塔基斯充滿希望的表示：「我們之所以建立社交網絡，是因為相互連結的生活所帶來的利大於弊。如果我一直對你使用暴力，給你錯誤的訊息，或是害你傷心，讓你感染致命的細菌，你就會切斷與我的聯繫，網絡自然會瓦解。因此，為了維持和滋養社交網絡，我們需要傳播美好和有價值的事物。同樣地，傳播慈愛和善良、快樂、利他主義和其他美好而寶貴的事物也需要透過社交網絡。」

善良的練習：慷慨的行為

知道自己的所作所為會影響其他至少三個人，你會想傳播什麼樣的態度、善舉、善意或社會行為呢？有時候，對自己的友善是開始善良之舉的最好方法。你今天能做的事情是什麼？這裡有一些大大小小的點子，可以幫助你開始實行。如果你想了解更多想法，可以在我的網站上的「資源」部分尋找志趣相投的組織：http://www.taracousineau.com/resources。

對自己	對他人
對自己微笑。	對他人微笑。
對自己說「我愛你」。	說「我愛你」、擁抱或擊掌。
在便利貼寫下有關你身體的正面資訊，然後將它貼在鏡子上。	每週寄一封感謝信或電子郵件給一個人。
吃健康的食物並保持身體活力。	對某人敞開胸懷，請喝咖啡或用電話聊天。
找時間休息、玩樂、創造樂趣。	稱讚三個人的積極態度或努力。
給未來的自己寫一封關於希望和夢想的信。	認識一個不像你的人。
開始寫感恩日記。	在手機設定日行一善的提醒。
保持你的家裡整齊乾淨。	捐贈給一個事業，並且讓其他人知道（善良具有傳染性）。
與其他人合唱	簽署一項社會行動請願書或採取某些行動去影響社會變革。
下載並聆聽自我同情的冥想或引導式圖像。	在發放膳食的地方或食物銀行當志願者。
在社交媒體上每日或每週發布正面的聲明。	說服朋友為某人做點好事。
聆聽各種鼓舞人心的故事和播客，例如WBUR的《善良世界》（*Kind World*）、《飛蛾電台廣播時間》（*The Moth Radio Hour*）或《故事集團》（*StoryCorps*）。	在你家附近的街道和鄰里撿垃圾。
觀看《艾倫秀》（*The Ellen Show*）。	和朋友一起觀看《艾倫秀》（*The Ellen Show*）。

得知一個關懷和慷慨的舉動會以你從未見過的方式造成影響，實在令人感到振奮與鼓舞。知道善良具有傳染性的事實，將善良轉變成創造更大利益的個人責任，驅使你進入高度同理心和高賦能的範圍，避開任何阻礙你前進的同情昏睡狀態。

「現在，我的生活中擁有所有東西以及基本權利，」在她住所開辦食品銀行的阿曼回憶道，「我總是回想起我一生中最快樂的時刻，是在我什麼都沒有的時候。那時的每個人事物都像是上天給予的禮物。曾經有一次，我們幾個女孩子和我的小妹妹一起聽著麥可．傑克森（Michael Jackson）的熱門歌曲《與你共舞》（*Rock with You*），擠在一個咖啡色的收音機盒周圍。我們很興奮可以來到美國，找到安全的住所，還可以用英語唱歌！那就是我生命中最重要的時候。」

善良是純粹而神聖的，有時，我們能做到最慷慨的事情就是面對困難，欣賞簡單的禮物，並且給予回報，就像阿曼和她的姊妹們一樣，不停地傳遞愛與善良。

反思

善良具有感染力，無論今日如何發展，我都會抱持著這樣的想法：「今天要比自己原本預期表現得更友善。」然後看看會發生什麼好事。

結語

重新想像善良

你的善良本能深不可測且影響廣大，我已經廣泛蒐羅資料，了解善良如何產生療癒的效果，你可以藉由多種方式啟發內心的善良，例如透過仁慈和友善、同情、感恩、寬恕和慷慨的練習。善良必須由內而外開始，透過日常自我關懷的練習，並且在關愛之人和關懷社區的環境之下可以顯著成長。閱讀完本書後，你已經了解到：

- 是什麼激發了我的善良本能？
- 什麼條件之下會重新燃起善良之心，並且促發我的關懷迴路？
- 我如何通過自我同情和愛心意識將仁慈帶入生活？
- 我真的可以透過寬恕來擺脫痛苦，並且因為感激而充滿喜悅嗎？

- 我該如何將仁慈融入此時時刻的生活？
- 透過善良的角度，我會重新詮釋哪些人生故事？
- 哪些人可以納入我的關懷圈？

經由這些問答，也會進入探討主題的核心，引出更加困難的問題：什麼會阻礙善良？我忽略了誰？我經常引用作家喬治・桑德斯（George Saunders）對雪城大學（Syracuse University）大學畢業生的建議：

「我一生中最後悔的是放棄了善良，當另一個人在我面前承受著痛苦，在那個當下，我做出了回應……明智地，冷淡地，溫吞地。」

或者，從另一個角度來看：你一生中最難忘的是誰？他是否給了你永生難忘的溫暖？我敢打賭是那些對你最友善的人。這樣說或許有點草率，而且肯定很難成真，但是我仍要說，將表現友善作為人生目標，你可能會做得很糟。

善良其實也有負面評價，說起來很容易，做起來卻很難，善良不是我們可以塗抹在生活中任何人事物的糖衣，善良確實很難實現，它會使我們受到挑戰，並且觸發我們自己和他人的許多情緒反應。當它發生時，我們會覺得善良沒有達到預期效果，甚至使我們失敗，然而，人們同時也為它的甦醒而大聲疾呼，這才是真正的關鍵。

一位住在康乃狄克州紐敦的高中朋友帕蒂深切地觀察到：「槍擊事件發生後，我們的社區宣揚著『友善』的口號。

「桑迪胡克校長的經常呼籲：『對人友善，至關重要。』商店的櫥窗裡有襯衫、保險桿貼紙、標誌；放在汽車擋風玻璃上或帶給警察和消防部門的禮品卡或手工點心；大門保持敞開，向通過的每個人微笑和打招呼。許多善良的美好舉動為人所知，而且至今仍舊如此。經歷了那個恐怖的悲劇才造就了現在的情景，令我感到遺憾。」

友善的生活取向

當悲劇發生時，我們所能做的就是展現友善，但是，當每天微小的不確定性和恐懼感出現時，便很難做到友善和富有同情心。同樣，當我們的好意和善意遭遇到殘酷和蔑視時，我們會感到挫敗。正是在這些時刻，我們一定要展開善良的訓練，重新想像我們與善良的關係，將自己導向一種關懷、同情和與人產生連結的生活方式，最終達獲得自由。

這本書的基本觀點為：善良是強壯而非脆弱的，是勇敢而非怯懦，是真誠而非無情，並非要變得鄉愿、無主見或謹守道德，而是關於理解、區別界限並且採取合理的行動，從同理心困擾轉變為動機性同理。採取友善的態度並非意味著事事都要屈服。

有一個抗議標語寫著：「感受憤怒，展現慈愛。」這四個字完美地說明，當面對艱難的人事物時，所面臨的挑戰以及對應的解決辦法。冥想老師雪倫・薩爾茲堡（Sharon Salzberg）提出疑問：「為什麼我們不能同時喜愛與抵抗呢？」對於生活在這個時代的我們，這是一個完美的提問，它構成了重新想像善良的基礎。

解藥良方

《善良練習》不僅適合你，也適合我們所有人，我們是天生的超級關懷物種，只要沒有意識到這個真相，我們就會陷入同情昏睡與同情疲勞。同情昏睡阻止我們相信有更廣闊的可能性，相信我們可以生活在一個友善且充滿愛心的世界中，它使我們無法充分享受快樂和幸福的機會。

同情昏睡的治療方法是由多種成分組成的混合物，可幫助我們從只求生存轉變為欣欣向榮，找到同理心和授權之間的最佳結合點。這個處方就是ＰＥＰＰＩＥ，而且由你來決定如何運用它。

- **回到當下（Presence）**
- **情緒調節（Emotional regulation）**
- **保持洞察力（Keeping Perspective）**
- **生命意義（Purpose）**
- **整合（Integration）**
- **付諸行動（Effort）**

我希望你已經嘗試過本書中一些「善良的練習」。

為了增強你的善良本能，你需要通過日常訓練和定量的善良、關懷和同情來加強這些神經迴路，雖然你無法用善良來拯救世界，但你可以從認識的人以及所關愛的人開始，畢竟，善良可能會以你從未見過的方式傳播出去。

我們需要將善良重新想像為一種美德和一種生活方式。心靈老師瑪麗安娜・威廉森（Marianne Williamson）說：「創造奇蹟的人會將所有行為視為兩件事之一：付出愛或召喚愛。」

你可以將善良想像為行動中的愛嗎？

《善良宣言》呼籲人們將愛付諸行動。你可以從http://www.taracousineau.com/manifesto下載副本。

善良宣言

你天生愛關懷

人類的進化不僅為了生存，也為了繁榮，我們在生理上天生就具有獨特的關懷、同情和合作精神，善良深深植根於我們的骨骼和DNA中，你具有同情的本能。

我們可以訓練善良的腦袋

我們有睿智的內心和靈活的大腦，透過安慰他人與獲得安慰，你可以增強關懷神經的通路，你可以隨時發揮善良的本能。

不要讓善良成為一種漸漸減少的內部資源。

我們會陷入一種將自己與其他人類隔絕的咒語：自我保護的同情疲勞（同情昏睡），它非常地狡猾，在不知不覺中，讓任何人都可能陷入冷漠、不滿足和對他人有所恐懼的文化中，美好特質開始逐漸消失。或許我們充斥著太多感受，有時我們認為苦難太多，以至於我們不知道從哪裡開始、如何幫助或如何有所改變，我們選擇轉身離開，冒著可能失去愛和善良內在的風險。

讓我們聯手培養善良

我們可以喚醒同情心，為了我們自己，也為了社會大眾的利益，我們可以提高同理心和賦權的水準，當達成平衡時，便會形成美好的境界。你可以使用萬能解方來打破昏睡狀態：存在感、情緒調節、保持遠見、目標導向、整合資源、努力運用

PEPPIE跟隨善良從壓力轉變成祝福。

對自己友善

從自身開始，呼吸、冥想、多多放鬆，徜徉在當下的感受，學習愛上沉默，花時間在大自然中，練習表現友善，擴大善良的眼光，讓溫柔的能量療癒你，散播慈愛的精神。

選擇相信世界是一個親切友善的地方

從家裡展開小小的善舉，要經常表達：「我愛你」、「請」、「謝謝」、「對不起」。從同情的角度傾聽，了解你的界限，相信自己擁有信念，可以連接到核心價值。懂得溫柔地對待，珍惜微小事物，還要練習感恩、原諒、貢獻、愛、友好、唱歌、跳舞。當你對自己友善時，你也會發現對他人和對地球的同情。

超越自己預想的善良

如果你發現世界缺乏善良，那麼你就有努力的空間，詢問你自己該如何幫助他人，成為導師或榜樣，並且言出必行，從別人的角度去理解，凡事盡力而為，增加你的善良商數。

善良具有感染力

善良很重要，善良的影響無遠弗屆，你可能無法一一見證，但無論如何都要邁出第一步。即使遭到懷疑，也要表現非常友善，盡量付出愛心，將愛傳出去，然後接受回饋，並且建立友善的社區，讓善良嶄露頭角。找到歷史上善良和勇氣的事蹟，試著效法他們。當人們有一顆善良之心時，大家便能展露慷慨大方，並且感到快樂。科學家已經證實，古代的智慧一直以來都如此相信。

善是付諸行動的愛

也許你的善良舉止不會贏得絕望且冷漠的戰爭，但是在這個過程中你可以培養成一名維護善良的士兵，關注於人類中具有美麗和尊嚴的事物，用善良且勇敢的心態去領導。

成為一名善良戰士。

人性本善

你已經擁有所有的天賦，能夠喚醒善良的自癒力，請遵循KISS原則：善良是純粹且神聖的。

致謝

我非常感謝所有向我敞開心胸的人們，無論是經過多年還是短暫的交流，分享他們的善良故事：苦難和成功的故事，你們是真正的善良戰士。

無論是透過監督、專業培訓、工作室或者私人課程，向心理、身心醫學和治療藝術領域的大師學習都是一種榮幸。我特別感謝瑞克・韓森（Rick Hanson），他在科德角（Cape Cod）夏季教授了一次正向神經可塑性的研討會課程，並建議我寫一本書，一次寫一頁簡介，以加強寫作的能力，對於新手而言是個好建議。感謝塔拉・布拉奇（Tara Brach），卡巴辛（Jon Kabat-Zinn），傑克・康菲爾德（Jack Kornfield），馬修・李卡德（Matthieu Ricard）和丹尼爾・席格（Daniel Siegel）的正念和精神指導；關於麻薩諸塞州劍橋（Cambridge, Massachusetts）正念與同情中心的導師，包括柴夫・舒曼・奧利維爾（Zev Schuman-Olivier），克里斯多福・格默（Christopher Germer），蘇珊・波拉克

（Susan Pollak）和克里斯多福・威拉德（Christopher Willard）；以及多年來一直支持我的優秀同事：伯納利・巴蘇（Bornali Basu），喬・伯頓（Joe Burton），愛麗絲・多瑪（Alice Domar），麗茲・多諾萬（Liz Donovan），南西・埃特科夫（Nancy Etcoff）和黛比・弗蘭克（Debbie Franko）。

我衷心感謝我的精神支持團隊：珍妮・康納（Janet Conner），尼基・羅賓森（Nicky Robertson），靈氣大師派翠西亞・艾爾（Patricia Iyer），瑪歌・馬斯特羅馬奇（Margo Mastromarchi）和珍妮・穆奎恩（Jennie Mulqueen）；以及在麻薩諸塞州欣厄姆市南岸音樂學院的女子之歌姊妹。讓自己發聲是一輩子都會做的事情，我非常感激貝克（K.C. Baker）和馬莎・珊杜（Marsha Shandur）幫助我說出了我的真實想法。如果不是全球強力瑜珈（Universal Power Yoga）社團和真正了解呼吸、正念和運動力量來激發我們同情心的老師，我可能無法忍受長時間的寫作，感謝詹・帕爾默（Jen Palmer），蘇・波納諾（Sue Bonanno），賈奇・邦威爾（Jacqui Bonwell），愛麗絲・卡拉漢（Elyse Callahan），哈妮雅・庫里崔普（Hania Khuri-Trapper）以及婕咪（Jamie）和比爾・麥當勞（Bill MacDonald）。

若沒有珍妮佛・霍爾德（Jennifer Holder）的精湛編輯，我無法完成此書，她善解人意的指導讓善良可以凸顯於文字之間，以及新先驅出版社（New Harbinger）優秀的編輯群和設計師們，包括瑪莉莎・索利斯（Marisa Solís）；克蘭西・德雷克（Clancy Drake）；維克拉・吉爾（Vicraj Gill）；艾咪・夏普（Amy Shoup）；還有信任這本書的收購編輯傑西・歐布萊恩（Jess O' Brien）。感謝那些協助初期手稿的細心讀者，包括湯姆・吉爾梅特（Tom Guilmette）博士和卡洛琳・平克斯（Caroline Pincus）；非常感謝我的文學經紀人喬安・德克（JoAnn Deck）帶領我前進，並且耐心地協助艾咪・索薩（Amy Sosa）。插畫家潘蜜拉・貝斯特（Pamela Best）是一位有抱負的神經生物學家，她的插畫值得特別的認可，並將這本書中令人振奮的資訊表達得活靈活現。

感謝與朋友們在一起的難得時刻，這些朋友在我的生活中產生了深遠的影響，並且證明了善良具有感染力。瑪莉・迪基（Mary Dickie）邀請我去見馬修・李卡德（Matthieu Ricard）、克里斯坦・達西（Kristen Darcy）、伊萊恩・弗雷伯（Elaine Freibott）、克莉絲汀・伊根（Christine Egan）、席琳・麥當勞（Celine McDonald）、海蒂・梅爾斯默（Heidi Melsheimer）、凱特・斯威特曼（Kate Sweetman）和芮妮・威爾森（Renée

Wilson）；還有我的乾媽梅爾太太和凱蒂斯太太。

我的母親曾是雅芳的推銷員，她是第一位教導我富有同情心的老師。帶著我的姐姐蒂娜（Tina）和我，她在康乃狄克州沿岸的小城鎮中挨家挨戶，展現了人類的美麗和尊嚴。特別感謝且讚賞蒂娜（Tina）、我的姪女姪子和庫辛諾（Cousineau）家族，給予我很多支持和友善，多年來為我加油打氣。

感謝我親愛的丈夫史蒂夫・庫辛諾（Steve Cousineau），他無條件的愛和耐心陪我走過了半輩子，他完美達成自己的任務，每天至少讓一個人大笑。最後，我要將這本書獻給我們的女兒蘇菲（Sophie）和喬西（Josie）

國家圖書館出版品預行編目資料

善良練習：發揮善的感染力，療癒紛亂的世界/塔拉・庫辛奈（Tara Cousineau）著；連婉婷譯. -- 初版. -- 臺北市：商周出版：英屬蓋曼群島商家庭傳媒股份有限公司城邦分公司發行, 民109.02
320面；14.8×21公分
譯自：The kindness cure : how the science of compassion can heal your heart and your world

ISBN 978-986-477-980-2（平裝）

1. 修身 2. 生活指導

192.1 109021804

善良練習：發揮善的感染力，療癒紛亂的世界

The Kindness Cure: How the Science of Compassion Can Heal Your Heart and Your World

作　　者／塔拉・庫辛奈（Tara Cousineau）
譯　　者／連婉婷
企劃選書・責任編輯／韋孟岑
版　　權／黃淑敏、吳亭儀、邱珮芸
行銷業務／黃崇華、張媖茜、賴晏汝

總編輯／何宜珍
總經理／彭之琬
事業群總經理／黃淑貞
發行人／何飛鵬
法律顧問／元禾法律事務所 王子文律師
出　　版／商周出版
臺北市中山區民生東路二段141號9樓
電話：(02) 2500-7008 傳真：(02) 2500-7759
E-mail：bwp.service@cite.com.tw
Blog：http://bwp25007008.pixnet.net/blog
發　　行／英屬蓋曼群島商家庭傳媒股份有限公司城邦分公司
臺北市中山區民生東路二段141號2樓
書虫客服服務專線：(02)2500-7718・(02)2500-7719
24小時傳真服務：(02)2500-1990・(02)2500-1991
服務時間：週一至週五09:30-12:00・13:30-17:00
郵撥帳號：19863813 戶名：書虫股份有限公司
讀者服務信箱E-mail：service@readingclub.com.tw
歡迎光臨城邦讀書花園 網址：www.cite.com.tw
香港發行所／城邦（香港）出版集團有限公司
香港灣仔駱克道193號東超商業中心1樓
Email：hkcite@biznetvigator.com
電話：(852)2508-6231 傳真：(852)2578-9337
馬新發行所／城邦(馬新)出版集團【Cité (M) Sdn. Bhd】
41, Jalan Radin Anum, Bandar Baru Sri Petaling,
57000 Kuala Lumpur, Malaysia
電話：(603)90578822 傳真：(603)90576622
Email：cite@cite.com.my

封面設計／李涵硯
內頁排版／唯翔工作室
印　　刷／卡樂彩色製版印刷有限公司
經銷商／聯合發行股份有限公司 客服專線：0800-055-365
電話：(02)2917-8022 傳真：(02)2911-0053

■ 2021年（民110）2月03日初版
定價／350元

ISBN：978-986-477-980-2（平裝）

Printed in Taiwan